LA SOCIODYNAMIQUE DU CHANGEMENT

DES MÊMES AUTEURS

J.C. FAUVET

aux Editions d'Organisation

- **Comprendre les conflits sociaux** - 1973 - (épuisé)
- **Traiter les tensions et les conflits sociaux** - 1975 - (épuisé) (en collaboration avec J.-Y. KOCH)
- **La sociodynamique, un art de gouverner** - 1983 - (épuisé) (en collaboration avec X. STEFANI)
- **La passion d'entreprendre** - 1985 - (épuisé) (en collaboration avec J.R. FOURTOU)

à InterEditions

- **La stratégie de vos relations** - 1989 (en collaboration avec C. GUIGNOT)

N. BÜHLER, co-auteur de

- **Traité de la qualité totale,** (sous la direction de Vincent Laboucheix, Dunod, 1990)

Jean-Christian FAUVET   Nicolas BÜHLER

LA SOCIODYNAMIQUE DU CHANGEMENT

LES ÉDITIONS D'ORGANISATION

AUX ÉDITIONS D'ORGANISATION

Christopher A. BARTLETT et Sumantra GHOSHAL
Le management sans frontières

Fédérico BUTERA
La métamorphose de l'organisation : du château au réseau

Jean-Michel DESMARAIS, Brigitte HAMELLE et Pierre NIEWENGLOWSKI
Anticiper et vivre le changement

Armel MARIN et Pierre DECROIX
L'art subtil du management : le jeu de Go comme modèle

Isabelle ORGOGOZO
Les paradoxes du management

Gilbert J.B. PROBST et Hans ÜLRICH
Pensée globale et management : résoudre les problèmes complexes

Gilbert J.B. PROBST, Jean-Yves MERCIER, Olivier BRUGGIMANN et Aïna RAKOTOBARISON
Organisation et Management
Structurer l'organisation T1
Gérer le changement organisationnel T2
Guider le développement de l'entreprise T3

Bengt WAHLSTRÖM
Management 2002

ISBN : 2-7081-1454-9

Sommaire

Introduction

Parmi toutes les activités humaines, le billard comme jeu, tient une place éminente. En image, il figure les mécanismes qui opèrent discrètement à l'abri des éclats de la politique ou des stratégies du management. Le carambolage des boules, leurs mutuelles percussions et leurs effets, les coups à plusieurs bandes témoignent de la complexité d'un jeu qui relève à la fois de l'art et de la physique des chocs. Nous posons, que le changement, lui aussi, c'est du billard...

La politique, la morale, l'éducation ont acquis leur notoriété dès lors que Socrate, Platon et Aristote ont tenté d'en définir les règles. Dans la foulée, le management et l'organisation se sont hissés au niveau des arts majeurs avec l'apparition de « théories » particulières ou générales. Or, toutes ces disciplines ont en commun qu'elles font changer les choses.

Mais, jusqu'à présent le changement **en tant que tel** est souvent demeuré expérimental. « Le doigt mouillé » joint à l'intuition du chef restent les grands déclencheurs du changement. Pourtant, depuis quelques années des méthodes plus structurées apparaissent. De la gestion des crises[1] au pilotage de l'entreprise en mutation[2], des experts éminents tournent et retournent la terre d'un sujet qui devient central pour le développement, voire la survie de nos entreprises.

C'est pourquoi, nos premières pages sont plutôt réservées à l'homme d'action, pour qui, avant même de vouloir changer les choses, il est bon d'engager une réflexion sur le statut du changement, sur ses attributs, son rôle, sa dynamique propre.

Osons dire que le changement est une affaire trop sérieuse pour être traitée le nez rivé sur les moyens susceptibles d'en optimiser les effets. Si « le changement, c'est la vie », il nous faut mieux comprendre « comment change la vie », naturellement, posément, selon ses propres lois. Aucune stratégie de changement ne peut brusquer la vie, ni *a fortiori* naviguer à contre courant de l'histoire.

1. P. Lagadec, *La Gestion des crises,* Mc Graw Hill.
2. Annie Bartoli et Philippe Hermel, *Piloter l'entreprise en mutation. Une approche stratégique du changement,* Les Editions d'Organisation.

C'est bien le message que nous livre M. Saloff-Coste, dans son ouvrage « *Le Management du Troisième Millénaire* »[3], pour qui, la société en général et nos entreprises en particulier ont suivi une mutation historique dont elles gardent dans leur chair des marques profondes. Pour le meilleur ou le pire, vous retrouverez en effet dans les structures et les systèmes de nos entreprises, des traces de l'âge de « la Chasse-Cueillette » (3 000 000 ans). « L'esprit-Maison » exclusif n'est-il pas un lointain rappel de la fusion des esprits dans le clan ?

Beaucoup de nos entreprises restent attachées également aux grands principes de l'âge de la « Culture-Élevage » (30 000 ans) basés sur des critères d'ordre analogique rapporté au divin, où le pouvoir est centralisé, où l'autorité est fondée sur la position sociale et les diplômes, où le contrôle administratif est rigoureux.

Bien entendu, nos entreprises relèvent plus encore de l'âge de « l'Industrie-Commerce » (300 ans) caractérisé par la dilution de leur capital dans les marchés financiers, par la prédominance de l'esprit de compétition et ses corollaires, la productivité donc, la spécialisation.

Quelle accélération dans le changement ! Et ce n'est pas tout. Nous entrons corps et biens dans un quatrième âge celui de la « Création-Communication ». Cette ère, qui explose sous nos yeux dans les secteurs avancés, a la double propriété de conserver et de changer. La conservation porte sur le maintien et un meilleur usage des principes des âges précédents. Quant au changement, il porte sur l'émergence d'une organisation nouvelle où la critique s'allie avec l'invention, où la liberté et l'unité se tissent dans le complexe, où l'autonomie individuelle et la performance collective font bon ménage, où enfin la forme du tout se retrouve dans chaque partie, comme dans la géométrie fractale ou la structure des hologrammes.

Nous n'avons pas d'autres choix que de dominer cette marche de l'histoire. Une bonne stratégie est économe de moyens. Elle doit plutôt accompagner les changements historiques naturels pour mieux les infléchir localement, éventuellement les faire dévier et de toute façon les piloter. Ni « tout faire », ni « laisser faire », plutôt « Faire en sorte que les (bonnes) choses se fassent par elles-mêmes », sera notre fil directeur.

Cependant cet élan évolutionniste n'est pas inexorable. S'il traduit la direction générale probable, dans le détail, pour votre entreprise en particulier, le mouvement peut s'inverser ou emprunter d'autres voies. Quand elle néglige de changer « en mieux », l'entreprise court le risque de « changer en pire ». A mal surfer sur les crêtes de l'évolution, on tombe à la mer.

3. Michel Saloff-Coste, *Le Management du Troisième Millénaire,* Ed. Guy Trédaniel.

Réglage, réforme, rénovation, refondation, tout changement volontaire a des rapports avec le temps qui court, avec la complexité du monde, avec les pressions de l'environnement, avec le mouvement physique des choses. Eh oui, pourquoi l'énergie universelle qui change le monde sous nos yeux ne pourrait pas être mise à contribution pour changer l'entreprise ? Voyons cela en lever de rideau.

Mais le plus clair de l'ouvrage porte sur la réponse à la question : « Comment changer » et voudrait contribuer ainsi à l'élaboration d'une sorte **« d'ingénierie du changement ».**

La métaphore du billard nous aidera à mieux définir les cibles, à mieux sélectionner les moyens et les stratégies, à mieux évaluer la performance des scénarios. Au billard en fin de compte, tout dépend du double coup d'œil et de canne du joueur. Nous verrons que les stratégies de changement dépendent moins d'un coup de dé du destin que d'un coup de cœur des hommes ».

... Et qu'elles sont d'autant plus performantes qu'elles prennent appui sur les provocations externes pour mieux surmonter les résistances internes.

Chapitre 1

LE CHANGEMENT, C'EST LA VIE

Le changement par déplacement

Les mots « changer » ou « changement » font partie de la catégorie des mots hyperchargés de sens et de vie. Si vous demandez à votre déménageur : « Changez-moi cette armoire de place », vous exigez de lui un **déplacement**. Dans sa version la plus simple le changement se rapporte à la translation d'un objet dans l'espace et nécessite un effort physique correspondant au produit de son poids par sa résistance statique au sol. C'est bien au départ un problème de déménageur.

Déplacer une machine, un stock de produits finis, un véhicule et même un service, une usine ou un siège social, c'est jouer sur un objet A qui conserve son identité, qu'il soit ici ou là. Symboliquement : objet A → objet A.

Mais si vous dites : « Changez-moi ce bouquet de fleurs », l'espace, lui, reste inchangé. C'est le bouquet qui est concerné. En fait, vous désirez le remplacement d'un objet fané, usagé, impropre... par un autre objet plus en rapport avec vos besoins et vos goûts. Cette fois le changement porte sur l'objet lui-même auquel on va substituer un objet semblable : objet A → objet A bis.

Le déplacement présente déjà des difficultés réelles liées au poids des choses, mais celles-ci ne sont rien en regard des problèmes posés par un **remplacement** ou une **substitution.** Il s'agit là d'une sorte de déplacement croisé de deux objets qui peuvent investir dans l'opération une mauvaise volonté désespérante. Dès que le changement devient substitution vous sentez monter les périls, croître les délais, se développer les désillusions sur les prix, la qualité, le service. Même si le remplacement est dit « standard », vous pouvez vous attendre au pire.

Qui n'a jamais eu à changer un accessoire d'un moulin à légumes ? Qui veut changer une pièce sur une machine industrielle a des chances de s'entendre dire que le modèle est abandonné, ou qu'à tout prendre, il vaudrait mieux changer toute la machine.

Et si, en plus, à l'occasion d'un **remplacement**, vous voulez améliorer le service ou le fonctionnement par le moyen d'un « autre » objet prétendument plus adapté, quelle aventure ! Ceux qui ont tenté de changer un article du règlement de copropriété de leur immeuble ont, là-dessus, des histoires à raconter pour plusieurs années.

Dépoussiérer le Code civil, aménager le statut des fonctionnaires, revoir un contrat commercial vous engagent dans les voies de négociations ardues et interminables.

Le déplacement peut concerner non pas un objet mais une personne, un « sujet », et cela ne rend pas la tâche facile, vous vous en doutez bien. Un chef de chantier va déplacer ou **muter** un ouvrier d'un poste sur un autre et **substituer** pour les besoins du service Jean-Louis à Ferdinand : sujet A → sujet A bis.

Les freins au changement sont ici tout aussi considérables : le contrat de travail, la susceptibilité des individus et leurs intérêts légitimes, le crédit ou le procès d'intention fait au chef de chantier, sont autant de paramètres à prendre en compte pour parvenir à un accord raisonnable assorti de compensations concrètes ou cachées.

Et si vous tentez de **transférer** une usine vingt kilomètres plus loin, je fais le pari qu'on vous accusera de déportation !

Le changement par transformation

Il est clair que « changer de pied » pour un danseur, « changer de vitesse », « changer de décor » ou « changer d'air » sont des expressions qui touchent au positionnement ou au repositionnement des choses dans l'espace ; elles portent moins à conséquence que « changer de point de vue », « changer de peau » ou « changer de vie » : le « changement linguistique » reconnaît l'existence d'une véritable **transformation** d'une langue, d'un lieu ou d'une époque à une autre.

Jusqu'à présent nous avons en effet évoqué des changements purement spatiaux, qui n'affectent ni l'objet ni le sujet dans son intégrité. Le changement prend une toute autre dimension dès lors que l'objet se transforme. La transformation est un changement intrinsèque plus ou moins profond et élaboré. Une tôle emboutie qui prend la forme d'une portière de voiture adopte une autre

« forme ». Cette portière acquiert des propriétés techniques différentes de celles que possédait la tôle initiale. Une machine transformée radicalement pour assurer de nouvelles fonctions, un appartement transformé pour accueillir une famille plus nombreuse, des ressources monétaires à court terme transformées en investissements à moyen ou long terme illustrent bien le passage d'une forme à une autre. La matière de base, l'objet, la « substance » diraient les philosophes, reste la même, mais s'inscrit dans une autre enveloppe qui lui donne pour le moins un nouveau look, si ce n'est une autre identité. Soit : objet A → objet B.

Comme il existe des transformateurs de courant, de pression ou de vapeur, le changement fait usage de machines, de processus, de stratégies qui sont les agents passifs ou volontaires du changement de A à B.

La transformation naturelle des choses fait partie de notre univers. Si votre voisine vous dit « Oh ! Que votre fils a changé durant les vacances ! », elle sous-entend qu'il a **grandi**, **forci**, **mûri** selon les lois de la nature et que le sujet A est devenu quasiment un sujet B, c'est-à-dire « autre ».

Le paysage se transforme selon les saisons et son aspect change selon l'éclairage. Les peintres ont démontré largement que le regard est tout aussi capable de transformer un paysage qu'un visage de femme, ô Picasso.

Dans le « transformisme » et « l'évolutionnisme », le changement se confond avec l'histoire du monde.

Vous gardez en mémoire les disputes célèbres entre les Cuvier, Lamarck, Darwin, et autres éminents spécialistes du changement en biologie. Pour Cuvier[1] « les espèces vivantes ne sont pas des variétés des espèces perdues ». Ce champion du « fixisme » nie la transformation des espèces. Pas de changement.

Pour Lamarck[2], **l'évolution** est au contraire indéniable et se fait par **adaptation** lente des organes au milieu et par transmission aux générations suivantes des avantages acquis. Bien que cette théorie du changement des espèces ne soit plus guère admise aujourd'hui, elle s'applique néanmoins tous les jours dans l'entreprise. Tous les jours les « organes » de la production, du marketing ou de l'administration s'adaptent au milieu extérieur, et les fonctions ainsi créées s'installent, s'organisent et perdurent d'un règne de président à un autre.

Les évolutionnistes disciples de Darwin[3] pensent au contraire que les changements sont dus au hasard d'une **mutation** et que la sélection impitoyable de la nature assure la double fonction

1. CUVIER Georges – naturaliste français, (1969-1832).
2. LAMARCK Jean-Baptiste – naturaliste français, (1774-1829).
3. DARWIN Charles – naturaliste, biologiste anglais, (1808-1882).

d'éliminer les mutations inappropriées, et de conserver et de protéger au contraire celles qui sont adaptées au milieu. Le changement se fait au bénéfice de la survie des plus forts et des meilleurs. Reconnaissez que la vie et la mort des entreprises engagées dans l'économie de marché vous donnent de cette idée une illustration éclatante.

De génération en génération les espèces changent, et les entreprises, leurs filiales et les filiales de leurs filiales se transforment à leur tour. Si l'on veut bien admettre que l'entreprise est une personne morale, un « sujet », nous posons donc : sujet A → sujet B.

Prise dans son sens le plus général, la théorie transformiste ne se contente pas de présenter ou d'expliquer des changements de forme mais de fond. Elle prend en compte de véritables ruptures qualitatives, voire ontologiques, qui touchent à l'« être » des choses. Des êtres physiques se sont structurés pour former des êtres biologiques, lesquels se sont à leur tour organisés en espèces jusqu'à l'homme dont la pensée réfléchie constitue une ultime (et provisoire... ?) mutation. De même à l'origine, l'entreprise est toute entière « objet » : par ses capitaux, ses installations, ses machines, sa main-d'œuvre, elle s'enracine dans le physique. D'objet, elle devient sujet dès lors qu'elle est animée par un projet collectif de production et de qualité, dès lors qu'elle se dote d'une culture et d'une « âme » que lui insuffle la vie sociale. Soit : objet A → sujet A. Passer ainsi d'un objet à un sujet capable d'engendrer d'autres sujets et ainsi de suite, ... quelle **métamorphose** !

Le phénomène inverse porte des noms multiples : **dégradation**, **dégénérescence**, **corruption**, **décadence**[4]. Cette fois c'est le sujet qui redevient objet : sujet A → objet A. Une entreprise vivante comme Manufrance en 1970 s'est désagrégée littéralement... en bâtiments vides, matériels inutilisés, salariés licenciés, clientèle abandonnée à des concurrents, créanciers ruinés...

Reprenant une image (ou une théorie ?) qui court dans les milieux scientifiques, le changement universel pourrait être orienté vers l'Homme – c'est le mouvement **anthropique** – ou au contraire vers le non organisé absolu – c'est la dérive **entropique**. Loin de s'exclure, ces deux mouvements contraires expliquent la tension interne de toutes les organisations sociales. C'est le temps qui tranchera entre les forces de vie ou de mort.

4. Julian Freund, *La Décadence*, Éd. Ramsey.

Le changement et le mouvement

Les choses ne sont pas précisément ce que nous croyons, voyons ou entendons. Le fleuve est fleuve parce qu'il coule. Vous avez déjà vu un fleuve immobile ? L'homme est homme parce qu'il vit. Vous avez déjà vu un homme sans vie ? Son nom lui-même change et devient cadavre. L'entreprise est telle parce qu'elle s'active sur ses marchés et anime ses structures internes. Après le dépôt de bilan, l'entreprise n'est plus.

Toute idée de changement colle intimement à l'idée de durée. Le temps est le vecteur du changement. Le mot « changement » est un mot-carrefour où l'espace et le temps se rejoignent, se combinent, s'autofécondent.

Un bon dictionnaire analogique[5] propose jusqu'à 180 expressions qui évoquent ce mot-creuset où le monde se fonde et se refonde sans cesse.

Au lieu de dire d'une chose « **quelle est** » ceci ou cela, il faudrait plutôt dire **qu'elle devient** en permanence autre chose. L'être, c'est le changement même dans les choses. C'est même le changement des choses.

Héraclite[6] est l'un des premiers à avoir pressenti la réalité des choses quand il dit « le soleil non seulement est nouveau chaque jour, mais nouveau continûment ».

Ce « nouveau continûment », un peu précieux sans doute, nous apporte l'une des plus belles descriptions du monde observé dans sa nature profonde. L'être est tout entier fait de mobilité, de changement permanent avec ou sans transformation.

Tout coule. Tout est flux. L'écoulement des choses est inconnu de la plupart des hommes qui ne soupçonnent pas la fluidité des choses derrière la stabilité apparente du monde. Il faut se rappeler que les électrons qui « tournent » à l'intérieur de chacun des atomes de notre corps, se déplacent à 17 000 km par seconde !

Pour illustrer son affaire, Héraclite nous dit que le monde est comme le feu sans cesse en mouvement, incapable d'être décrit autrement qu'en changement continuel. Le feu, symbole du changement ! La chaleur, source universelle du mouvement, du big-bang à la vie !

La flamme qui scintille, qui rampe, qui s'élève et tournoie dans l'âtre est plus qu'une image emblématique des choses. Elle est l'ÉNERGIE en travail au cœur de la matière et au sein de l'entreprise. Chaque grain de matière, chaque élément de l'entreprise (un homme, une machine, une méthode de travail, un trait de

5. Ch. Maquet, *Dictionnaire analogique,* Larousse.
6. HÉRACLITE – Philosophe grec, IVe siècle avant J.C.

culture professionnelle...) est une **microforce** en travail pour plus de productivité et de qualité. On peut penser que **l'art du management va consister à organiser ces microforces en flux de production et que l'art du changement va s'appliquer à les orienter ou à les transformer à bon escient**.

Le changement dans la complexité

Tous ces changements de nature différente, aléatoires ou programmés, insignifiants ou colossaux, instantanés ou lents, apparents ou cachés... rétroagissent les uns sur les autes, se neutralisent, s'amplifient, se résorbent... etc. Les lois de ce jeu obscur, à x acteurs aveugles pour la plupart, ne sont pas prêtes à être décryptées.

Le langage populaire a conservé cette idée qu'il doit exister des liens rigoureux entre les phénomènes. Vous entendez dire parfois : « J'ai des douleurs, le temps va changer ». Cette réflexion banale et profonde à la fois témoigne de **l'interconnexion universelle des changements** dont nous ne percevons que la partie émergée.

Déjà pressentie par les pré-socratiques, l'idée de « complexité des changements » fait une brutale irruption dans la pensée scientifique contemporaine. L'approche « écologique » de l'environnement et l'analyse systémique des organisations nous avaient déjà alertés sur le fait que tous les agents d'un ensemble sont en relation de cause à effet avec tous les autres. **Tout se tient et agir sur un point de la structure revient à intervenir sur l'ensemble du réseau**. L'introduction de l'informatique est un bel exemple des changements en chaîne, en cascade, en boucle, qui s'imposent dans tous les services de l'entreprise. La prise en compte de nouvelles méthodes de fabrication a des conséquences immédiates sur le recrutement, la formation, l'organisation des ateliers, les circuits administratifs, les flux de matière...

Mais jusqu'à présent l'approche systémique s'était surtout appliquée à démontrer l'interdépendance des agents et les rétroactions des causes et des effets. Bien qu'ils s'en défendent, les systémistes restent prisonniers, plus ou moins, des bonnes théories mécanistes : la transmission de l'énergie initiale se fait par poussée ou par choc, de proche en proche jusqu'aux limites du système... Si changement il y a, il porte sur les parties, pas sur le tout.

Le concept de complexité, ou plus simplement de globalité, dépasse celui de système. Il impose aux faiseurs de changement un impératif nouveau, celui de **tenir compte du « tout comme tout »** et non plus comme une somme de parties, de dépasser l'interdépendance banale des organes et des fonctions d'une entreprise pour accéder à une thérapie globale, de ne pas se contenter d'une lampe de poche et d'une « clé de 12 » chères aux plombiers du changement, de saisir au contraire le changement par ce qu'il a de plus général et de plus profond, de ne pas « changer pour changer », mais pour que la vie continue dans sa globalité insécable.

Changement naturel ou volontaire

La théorie de l'évolution nous dit que la vie a changé en 3,3 milliards d'années, de la première bactérie à l'homme. Elle s'est transformée par **variations aléatoires** et **sélections naturelles** au fil des générations. Ces changements, à caractère définitif, portent le nom de **mutations** ; celles-ci s'étirent le long des siècles comme ces transformations radicales et pérennes dont l'entreprise est l'objet depuis une centaine d'années.

La métamorphose est une sorte de mutation brutale, ou transformation radicale et définitive sans retour en arrière comme celle de la larve qui devient papillon. La refondation de l'empire ottoman décadent en république turque évoluée est une véritable métamorphose économico-politique due à un homme hors du commun : Mustapha Kémal. Le sultanat fut anéanti, le califat supprimé, l'État laïcisé, l'économie organisée. Quant aux instituteurs trop peu enclins à adopter l'écriture latine, ils étaient purement et simplement pendus !

Rien n'est plus difficile. Certains auteurs[7] démontrent que plus la vitesse de circulation interne des informations est élevée (ou si vous préférez plus la transparence culturelle est grande), plus les changements dus à une pression externe sont difficiles. Se définit ainsi un seuil de « nucléation » qui met l'organisation à l'abri des changements radicaux. C'est le cas, exemplaire, de la famille.

Le plus souvent, nous assistons à la composition de deux changements, l'un naturel qui semble procéder des lois telluriques insondables et l'autre volontaire qui découle de l'action consciente, mais plus ou moins maladroite des hommes.

Le changement naturel monte une pente **anthropique locale** (l'homme, la société, l'entreprise) mais descend une pente **entropique générale** (IIe principe de la thermodynamique). C'est dire que le système est décadent dans son ensemble et progressiste par « ilôts de vie ». Comprenez que les nations, les civilisations, les organisations sociales comme les entreprises – ilôts de vie – sont minées à la base par des forces de régression. Ces forces fraction-

7. I. Prigogine, *Étude thermodynamique des phénomènes irréversibles,* Dunod.

nent l'organisation en de multiples sous-ensembles variés et rivaux qui ramènent son fonctionnement à un mouvement brownien. Ces forces de mort sont plus ou moins combattues en permanence par des forces de vie, volontaires celles-ci, qui tentent d'inverser le mouvement. **L'entreprise livrée à elle-même « ne peut changer qu'en pire »**. Doit s'imposer à elle une volonté, de préférence collective, qui s'oppose à la décadence, en créant à contre-courant une dynamique de progrès.

Mais le sens du progrès n'est pas évident. Le fameux sens de l'histoire a fait long feu. Le progrès dit scientifique cher aux penseurs du XVIIIe et XIXe siècles est-il vraiment à classer dans la catégorie des changements volontaires positifs ? On en discute.

Le marxisme s'est annoncé comme une force de progrès et ce fut un désastre. Il n'est pas dit que le capitalisme libéral, pour l'instant mieux en cour, ne produise pas une débâcle écologique plus catastrophique et une implosion morale plus dramatique.

D'autres courants soutiennent que le summum du progrès est à trouver dans la stabilité. Le non-agir taoiste, le conformisme confucianiste, l'immobilisme bouddhiste, l'impassibilité stoïcienne, le fatalisme musulman, jusqu'au très chrétien « que ta volonté soit faite »... sont les pépites d'une longue tradition morale qui émet un énorme doute sur l'idée que le changement volontaire des hommes pourrait s'avérer positif. « Laissons faire les choses ».

« Mais, s'exclament les tenants du point de vue opposé, laisser les choses aller selon leur propre train, c'est s'allier objectivement avec l'entropie contre l'anthropie, c'est donc la misère, la débâcle, le chaos ». A l'extrême ce courant s'en remet à la théorie d'un fameux philosophe anglais[8] qui préférait encore la tyrannie légale d'un seul à l'anarchie aveugle de tous.

C'est que les hommes sont plus vicieux que vertueux, que les choses sont plus difficiles à arranger convenablement qu'à maintenir en état, que l'avènement d'un monde « moins pire » exige une volonté permanente de changement positif remontant le flot tumultueux des changements négatifs.

Même si personne ne sait exactement ce que signifie « aller dans le sens du progrès », tout le monde est convaincu d'instinct que le sens opposé conduit à une débâcle certaine : dépôts de bilan et suppressions d'emplois.

C'est pourquoi s'impose à tout dirigeant un impératif nouveau : celui de maîtriser les démarches volontaires de changement, ou mieux, **de maîtriser le changement considéré comme une démarche originale** qui mérite une approche conceptuelle, stratégique et tactique proportionnée au problème posé. Branche de la praxéologie – ou « science

8. Thomas HOBBES – Philosophe anglais, (1588-1679).

de l'action » – l'art du changement mérite de devenir une discipline à part entière. Cet ouvrage espère y contribuer.

Et faute de mieux, nous conviendrons que cette discipline appliquée à l'entreprise se met au service de son développement économique et social ou, pour prendre les choses de plus haut, de son projet anthropique.

Le changement provoqué par l'environnement

Le changement naturel semble venir du « dedans » des choses. Les lois physiques de l'entropie et celles, sociales, réglant la décadence des sociétés, peuvent être interprétées en termes de vieillissement. Celui-ci saisit les choses de l'intérieur. Les entreprises, bien sûr, ne sont pas à l'abri de ce phénomène. Parties prenantes de la nature, elles sont menacées par la dégénérescence de leur tissu structurel, culturel, économique et managérial. Elles sont frappées par le doute, prémisse de la perte d'identité.

Elles finissent pas se convaincre de l'inévitabilité de leur disparition et effectivement... elles disparaissent. L'industrie du traitement de la laine en France ou de la machine-outil a dépéri par lassitude et abandon des dirigeants persuadés que la profession était perdue et que tout effort était vain.

Certes, le changement peut naître d'un sursaut interne. À l'initiative d'un patron dynamique ou d'une prise de conscience collective, l'entreprise peut faire son aggiornamento. Toutefois, à y regarder de plus près, on constate que ces changements, neuf fois sur dix, ont pour origine une provocation externe. **Le « dedans » de l'entreprise est plutôt conservateur »**. C'est le « dehors », par les contraintes qu'il exerce sur le dedans, qui s'avère l'agent de changement le plus pertinent.

Le dehors, c'est bien entendu pour un service : les autres services et ateliers de l'entreprise, la direction générale, etc. ; pour l'entreprise : les clients, les fournisseurs, les concurrents, donc le marché en général, mais aussi la puissance publique et la culture socio-économique globale.

L'entreprise est d'autant plus portée à changer utilement qu'elle y est poussée par le milieu. Du reste l'intelligence stratégique d'une organisation est d'autant plus développée que la surface d'échange entre le dedans et le dehors est plus grande. Dit autrement, il faut sans doute plus de lucarnes sur cour, mais surtout plus de fenêtres sur rue !

Après quelques analogies empruntées à la politique ou à la philosophie, courons le risque d'un rapprochement avec l'éthologie animale. Il a été démontré en effet que des rats soumis à de nombreux stimuli extérieurs ont des cerveaux plus lourds et mieux développés que ceux vivant dans un milieu pauvre en information. La richesse de l'environnement favorise la multiplication des connexions dendritiques du cortex cérébral. L'intelligence stratégique de l'entreprise est d'autant plus développée que chacun de ses membres est personnellement provoqué par la pression des concurrents, le choix des consommateurs, les valeurs socio-économiques de l'environnement.

Autre exemple : on a administré vingt fois la preuve qu'un enfant élevé dans un milieu « protégé » est moins éveillé et réactif qu'un enfant ayant vécu des situations nombreuses et variées à la condition toutefois qu'il ait su les dominer.

Dans ce cas, pourquoi la pression du milieu n'a-t-elle pas « contraint » Manufrance à éviter la débâcle socio-économique qu'elle a subie ? Dans le même secteur, des entreprises concurrentes soumises aux mêmes pressions ont non seulement survécu, mais progressé.

La réponse tient peut-être au fait que les directions successives et le personnel de Manufrance se sont cru protégés a priori par la municipalité de Saint-Etienne, l'État, que sais-je encore. Le dedans a misé par facilité sur l'idée d'un dehors structurellement protecteur. Le dehors n'a pas assuré pleinement son rôle de provocation.

Dans la même veine, certains auteurs contemporains[9] mettent en évidence deux idées clés, la seconde fournissant une bonne définition du changement utile : 1) une organisation ne **survit** que si les communications entre ses parties résistent aux bruits extérieurs, 2) mais elle ne se **développe** que si, grâce à ce bruit, chaque partie est capable d'augmenter sa propre adaptabilité aux besoins de l'ensemble.

Nous aurons à revenir sur la fonction éminente du dehors, macroforce externe capable d'initialiser un changement et de l'accompagner, vent qui pousse la voile vers le large ou tempête qui brise mâts et coques.

Les quatre paliers de changement

Du déplacement à la métamorphose, le soc du changement retourne plus ou moins le fond des choses. Selon l'état de décadence ou de progrès, l'art du changement appliquera à l'entreprise quatre démarches stratégiques fondamentales qui constituent les degrés croissants de toute intervention volontariste : le changement par réglage, par réforme, par rénovation et par refondation.

9. H. Atlan, *Du bruit comme principe d'auto-organisation*, Communication 18.

Le réglage est l'opération qui consiste à intervenir sur un mécanisme existant afin de retrouver une performance inadéquate ou détériorée. On règle un moteur par ajustements successifs et les artilleurs règlent un tir au but. On peut régler une organisation en intervenant ponctuellement sur son système de fonctionnement. Dans l'entreprise, la régulation va porter sur une méthode de travail, une procédure administrative, un flux de production. Le réglage se veut toujours modeste. Son outil privilégié est le tournevis. Il tire son efficacité de la précision des ajustements réalisés et du peu de résistance des agents concernés. Mais comme il opère dans le partiel, il est réducteur et nécessite une suite ininterrompue de « réglages » qui ne touchent pas au principal, donc « au tout comme tout ». Poussé à l'extrême on obtient la « régulation automatique », discipline qui traite des systèmes asservis dans lesquels les valeurs de référence sont constantes ou varient peu dans le temps.

Le réglage est la tâche quotidienne de tout responsable.

La réforme est plus ambitieuse. Elle cherche non pas à retrouver une performance perdue, mais à l'améliorer. La détérioration est trop profonde pour justifier de simples réglages ou ajustements ponctuels.

La réforme est une sorte de réglage généralisé étendu à de nombreux agents, rouages, circuits, leviers de divers types : économiques, techniques, sociaux, administratifs. Mais c'est un réglage systématisé, qui mise sur la dynamique du système lui-même, titillé en de nombreux points névralgiques. Celui-ci va changer par la combinaison des multiples réactions provoquées.

La réforme ne se veut pas révolution. Elle garde la « forme » ; elle cherche seulement à l'améliorer par une intervention massive sur les systèmes de fonctionnement et les pratiques. Dans le langage courant elle traîne malgré tout un relent de paradis perdu et bientôt retrouvé. On parle de réforme des mœurs, des institutions.

La Réforme protestante n'avait pas au départ l'intention de changer substantiellement les fondements de la foi chrétienne, bien que peu à peu elle soit intervenue sur les structures hiérarchiques de l'Église et certains de ses dogmes. De la sorte, elle est devenue une quasi-rénovation, synonyme de restructuration.

Le nombre des réformes annoncées, engagées et embourbées, dépasse sans doute celui des réformes réussies. Cela tient au fait que les forces institutionnnelles favorisent les réglages, mais s'opposent aux réformes pressenties comme les prémisses d'une rénovation de structures. Plus pertinentes, les réformes doivent bousculer plus d'obstacles.

La rénovation donne une nouvelle « forme » ; elle apporte du neuf. Et ce neuf peut être très différent de l'ancien. La rénovation urbaine consiste le plus souvent à casser des structures défectueuses, à vider les immeubles de leur contenu, à réaménager les voies d'accès, à repenser le style architectural d'ensemble.

La rénovation introduit l'idée de remplacement non pas de toutes les structures, mais de quelques unes d'entre elles, bien sélectionnées. Dans l'habitat moderne, il est fait un grand séjour avec trois petites pièces. Le mot rénovation est donc ici plus proche de « restructuration nouvelle » que de restauration.

En aval de la rénovation, on comprend qu'il faille remettre à plat tous les systèmes de fonctionnement (eau, gaz, électricité...), tous les aménagements intérieurs et que tous ces changements vont profondément influencer le nouveau genre de vie des locataires, donc leur culture.

Une entreprise en phase de rénovation change par exemple ses marchés et ses créneaux industriels, mais reste fidèle à son métier de base et à ses valeurs professionnelles. Pas plus que le réglage ou la réforme, la rénovation ne fait fi du passé, mais plus que les autres degrés de changement elle est tournée vers le futur. C'est dire qu'elle va rencontrer des obstacles structurels encore plus importants.

La refondation est le degré supérieur du changement. Elle s'applique aux entreprises en décadence ou en déconfiture qui perdent pied, littéralement, sur leur marché. Aucune structure présente n'est a priori digne de figurer dans la nouvelle fondation. L'entreprise est, par la pensée, démembrée, destructurée, mise à plat. Totalement orientée sur un nouveau profil professionnel, la refondation ne réemploie les matériaux anciens que dans la mesure où ils servent de passerelle pour le futur : siège social, raison sociale, métiers techniques, produits, partenaires financiers, main-d'œuvre, clientèle... rien en principe n'est conservé à l'exception de ce qui peut être réutilisé dans une structure originale.

Les révolutions (française, kémalienne, soviétique...) sont des refondations politiques. Comme le fut la refondation d'entreprise que J.M. Descarpentries a conduite chez Carnaud. Changement poussé à la limite, remède de cheval, métamorphose au sens propre, la refondation est appropriée à certains pays en voie de développement perpétuel et à certaines organisations étatiques décadentes, indéfiniment soutenues par la puissance publique.

Réglage, réforme, rénovation, refondation... tout changement est d'abord un passage. **Il ne faut pas craindre les passages**. Ils sont l'espace/temps qui se construit là, entre deux positions. Ne sommes-nous pas constamment entre deux projets, deux domiciles, deux emplois, deux lectures ? La vie de l'homme ne se déploie-t-elle pas entre deux femmes ?[10] Cet entre-deux là est-il une sorte de rien, un espace nul, un temps sans durée, comme si le fleuve n'existait que par ses rives ? Ou bien est-il cette Santa-Maria qui cherche les Indes et découvre l'Amérique ?

L'entre-deux n'a pas bonne cote. En logique classique, il tient la place superflue du tiers, donc du tiers exclu. La logique du complexe, au contraire, en fait un **tiers inclus**[11]. Ce tiers-passage est un être à part entière qui intègre l'origine et la fin : un prototype, l'adolescence, la nuit du 1er janvier, un contrat commercial, un feu rouge, une éclipse de soleil, un dépôt de brevet, seulement des passages ? Plutôt des tiers-carrefours.

Carrefour de décision et d'indécision, croisement de force et de faiblesse, machine Jacquart de métissage stratégique et tactique, bifurcation de l'histoire, le changement n'est-il pas simplement, tout simplement, un tiers-centre ?

Le centre est partout. C'est lui qui trace la circonférence qui est nulle part. Tout centre géométrique génère le mouvement, structure le cercle, fonde et refonde la forme. Quel challenge !

10. Daniel Siboury, *Entre-Deux – L'origine en partage,* Seuil.
11. Michel Serres, *Le Tiers-Instruit,* François Bourin.

Coup d'œil sur quelques cas

Notre étude préparatoire a porté sur une centaine d'opérations de changement effectuées dans tous les secteurs économiques et se rapportant à des petites ou grandes entreprises, nationales ou multinationales, publiques ou privées[1]. Une approche analytique de ces opérations nous conduit à jeter un coup d'œil furtif sur : les objectifs choisis, les contextes humains, les moyens utilisés, les difficultés rencontrées, les facteurs de réussite.

1. Les objectifs

D'un point de vue négatif, les objectifs sont résolument anti-conservateurs et désignent « ce qui ne peut rester en état », c'est-à-dire tout : le management, les systèmes, les structures, la culture et évidemment un mixage complexe de ces quatre catégories.

*L'amélioration du **management** est souvent indiquée comme un **moyen** pour :*

- *réduire le turn-over dans une société d'informatique,*
- *accroître l'efficacité des chercheurs,*
- *développer la qualité, réduire les délais, assurer de meilleurs services, diminuer les pertes de production,*
- *motiver le personnel,*
- *gérer une situation de crise.*

Certains de ces objectifs sont même censés trouver leur solution dans le management de la maîtrise et des chefs de service présumés responsables principaux des défaillances de l'organisation (?).

***Les systèmes** constituent également une cible courante, voire journalière pour le changement :*

- *améliorer les systèmes de paie, de facturation, de livraison, de circulation de l'information,*
- *rendre plus performante la maintenance technique dans les ateliers, la logistique du service commercial,*
- *rendre le système de décision plus participatif.*

***Les structures** mobilisent un plus grand effort conceptuel et économique :*

- *redresser l'usine par une organisation plus souple,*
- *décentraliser, alléger les fonctions administratives,*
- *assurer la survie par un repositionnement marketing et un partenariat plus poussé,*
- *profiter d'une fusion pour réorganiser les grandes fonctions de l'entreprise.*

*Souvent, **la culture** est prise pour cible directe et indirecte d'un changement à effectuer sur les systèmes ou dans les structures :*

- *remotiver le personnel **pour** répondre à un cloisonnement excessif des services et à une forte pression syndicale,*
- *mobiliser le personnel à travers la maîtrise **pour** mieux répondre aux exigences des usagers,*
- *développer un projet d'entreprise **pour** devenir le meilleur en Europe.*

Vous remarquerez que dans la plupart des cas, ces objectifs confondent le résultat du changement et le facteur principal du changement, lui-même hissé au rang de cause première :

- *améliorer la compétitivité **par** une nouvelle organisation du travail.*

C'est supposer ici que le mal provient d'un système d'organisation défectueux : l'objectif se trouve dédoublé en « objectif final » (améliorer la compétitivité) et en « objectif opérationnel » (par une nouvelle organisation).

1. Cette étude a notamment tenu compte des travaux pertinents conduits au sein de la Compagnie de Saint-Gobain.

(suite page 42)

Chapitre 2

LA PHYSIQUE DU CHANGEMENT

Le changement, c'est du billard

Soucieux d'aborder le plus tôt possible les aspects pratiques du changement, nous voulions dans un premier temps consacrer le chapitre II à la présentation générale de la démarche stratégique. C'eut été logique. Trop logique et trop classique peut-être.

Le plus souvent, il est fait l'impasse sur les « objets » du changement (comme si la chose allait de soi), ou plutôt sont confondus dans un même galimatias méthodologique « la cible » et les « objets » du changement.

Pour atteindre les cibles suivantes : « modifier les horaires de travail », « faire évoluer la culture », « améliorer la qualité » ou « accroître la production », il faut, bien sûr, faire bouger en amont des « objets » qui poussent au changement ou lui résistent. Ainsi, « accroître la qualité », c'est bousculer des habitudes, des procédures, des méthodes de contrôle, mais c'est aussi organiser des échanges entre les acteurs, modifier le style de relation, peut-être le système d'intéressement. Mais, pour modifier le style de relation - devenu une cible secondaire, passage obligé du changement principal - il faut agir sur la formation, la culture, le système de prise de décision... que sais-je encore.

C'est du billard, au sens propre. Au moyen d'une canne, le joueur choque sa propre boule qui doit percuter deux autres boules, l'une rouge et celle du partenaire. Chaque choc vaut un point. Après un carambolage réussi le joueur peut rejouer immédiatement, et ainsi de suite. Le but n'est pas de toucher une boule particulière, mais de réussir des chocs multiples, **comme si la cible était dans le carambolage lui-même.**

Avant d'aborder, dans les chapitres à venir, le jeu savant des chocs, des bandes et des effets, il nous a semblé utile de mieux définir l'identité des boules. Elles interviennent activement entre le coup de queue du décideur et le carambolage. Choquées, elles partent dans tous les sens, animées d'un mouvement qu'on croirait propre. Cette métaphore nous aidera mieux à comprendre les combinaisons subtiles que provoquent le changement et rendra plus performant en amont le coup de canne du joueur.

L'image du billard nous délivre aussi un autre message évoqué au cours du chapitre précédent : ce changement est une affaire complexe. Comprenez qu'ici plus qu'ailleurs, les lois du hasard et celles de la nécessité se combinent, que la vision globale et les actions locales se complètent, que **les événements se répercutent les uns sur les autres** et que **le succès final n'est rien d'autre qu'un avatar heureux d'un changement global.**

Ce chapitre va donc montrer :

- que les objets sur lesquels porte le changement ne sont pas des choses au sens classique, mais plutôt des leviers ou des forces (micro ou macroforces) actives, réactives, passives, gênantes, résistantes, incontournables…,
- que ces forces libérées assurent la double fonction de renforcer le dedans de l'entreprise (son identité culturelle) et de mieux maîtriser son dehors (ses relations avec l'environnement économique),
- que ces forces se structurent en flux d'énergie dont on peut faire une sorte de flash qui révèle la « forme » caractéristique de l'organisation à un instant donné. C'est la position des boules sur la table, à chaque seconde du jeu,
- que ces formes coïncident plus ou moins avec quatre formes-types possédant des propriétés originales, bien identifiées, et performantes pour l'entreprise à des degrés divers,
- **et qu'enfin le changement va s'exercer sur la forme initiale pour la transformer par carambolage, et ce faisant, atteindre la cible, comme une conséquence naturelle.**

Les forces du changement

L'action de changer s'exerce sur un certain nombre d'objets qu'il faut cesser de considérer comme les rouages inertes d'une mécanique dont le mouvement proviendrait d'un seul ressort : l'action du décideur. En quelque sorte, ces objets sont « vivants », ou du moins mobiles, actifs, animés d'une énergie propre. Tout ce qui a sa place dans l'entreprise assure une fonction universelle : **travailler.**

L'entreprise est toute entière construite au moyen de ces forces qui concourent, chacune à sa place par sa seule présence, à structurer le champ d'énergie globale. **Tout dans l'entreprise est force :** décision, action, événement, attitude, comportement, mais aussi machines, procédures, infrastructures, outils, ressources économiques... La publication du bilan est une force au même titre que l'accueil réservé par le personnel à ce même bilan. Un ordinateur, une décolleteuse, un camion sont des forces tout comme une feuille de salaire, un compte rendu de réunion ou un discours de Président. **A fortiori chaque salarié est une force avec son énergie propre, ses attentes, ses pouvoirs, sa rationalité, sa stratégie.** La force peut être matérielle, c'est trop évident, mais aussi immatérielle : l'idée de qualité, le style de management, le vécu non exprimé d'une relation de travail, une stratégie de lutte de pouvoir, un sentiment d'appartenance n'ont pas à proprement parler de consistance physique. Qui a déjà « touché », ce qui s'appelle toucher, un projet d'entreprise ? ou même un « know-how » ? Un établi travaille tout autant que « le coup d'œil du chef », lequel produit son quantum d'énergie tout autant qu'un circuit administratif ou des habitudes (bonnes ou mauvaises) de sécurité.

Au lieu d'appauvrir le concept, l'aspect hétéroclite et fourre-tout de cette description lui donne au contraire son caractère universel d'utilité pratique. Voilà enfin un concept général qui saisit, en gros et en détail, tout ce qui fait l'entreprise, c'est-à-dire tout ce qui concourt à l'énergie totale. Contrairement aux apparences, ces micro ou macroforces possèdent la même nature : **elles produisent un travail plus ou moins mobilisable dans le changement.**

Mais bien entendu elles offrent à l'examen une haute variété d'importance, de propriétés, d'utilité, de résistance au changement. Les règles et les pratiques d'embauche, jointes à celles concernant la rémunération, la promotion et la formation sont des microforces qui forment un système cohérent de forces, qu'on peut appeler **« macroforce ».** La présence dans le conseil d'administration d'un représentant d'une autre firme n'intervenant pratiquement pas dans les discussions est une **« force latente »,** qui peut se réactiver à tout instant. Les **« forces-clés »** jouent dans le champ un rôle plus déterminant que les autres : les choix technologiques l'emportent par exemple sur les problèmes financiers, la fonction du directeur juridique pèse plus que celle du directeur commercial.

Dans une perspective de changement la force-clé est la force qui possède le plus de puissance et qu'il convient de faire travailler en priorité. Un négociant en vins de qualité croyait disposer d'une force-clé grâce à son informatique performante. Toutefois dans la perspective du passage de la vente par courtage à un système de vente par correspondance, le vrai levier est la compétence des équipes commerciales en matière de marketing direct, ce qui donne lieu au recrutement immédiat d'une force-clé nouvelle : un professionnel chevronné.

Une force-clé produit le maximum d'effet en consommant le minimum d'énergie quand elle joue un rôle de catalyseur. La présence du Directeur général à l'ouverture des séminaires de formation de la maîtrise renforce l'impact de l'enseignement.

A l'instant de son apparition, une force matérielle (par exemple, l'aménagement des locaux) est toujours asservie à la force immatérielle que constitue la décision proprement dite qui l'a créée ou qui la tolère. Au passage vous remarquerez le rôle prééminent de l'immatériel joué en amont par le management et en aval par la culture. Au fil du temps la force matérielle peut se fossiliser (par exemple, fixer un certain climat social), asservir d'autres forces matérielles (par exemple, favoriser le surstockage) ou immatérielles et s'asservir elle-même, c'est-à-dire résister à tout changement ultérieur.

Le caractère le plus universel de la force tient à sa face de Janus : côté droit la force apporte sa contribution à l'énergie globale et participe au changement ; côté gauche elle consomme de l'énergie, nuit à la production et freine le changement. Le système de comptabilité analytique par atelier concourt à l'accroissement de la rentabilité ; par contre sa lourdeur de mise en œuvre ne permet pas une gestion par famille de produits nécessaire au développement des activités.

Nous appellerons **« gluon »** la force considérée dans sa capacité de résistance au changement, et **« engluement »** la résistance qu'une organisation oppose à sa transformation. Tout comme la microforce, le gluon peut être matériel ou immatériel, actif ou passif, manifeste ou caché. L'opposition des navigants d'Air Inter au pilotage à trois fut un gluon manifeste : l'apparente nécessité de la sécurité peut masquer un gluon : le poids non décelé des procédures administratives routinières.

Un gluon peut asservir une ou plusieurs autres microforces et, par conséquent, activer de nouveaux gluons. C'est la loi du gluon contagieux. Des gluons peuvent se justifier et se conforter mutuellement sans référence aux enjeux globaux. C'est le principe des gluons solidaires. Un chef de service justifie son activité vaine par rapport aux autres services au moyen d'un nombre supérieur de collaborateurs[1] ; des services échangent des prestations en circuit fermé ; la valeur « vivre au pays » justifie la valeur « bonne condition de vie » et renforce la valeur « vivre au pays »... etc.

1. On aura reconnu la célèbre loi de Parkinson de croissance exponentielle des effectifs de l'Administration.

Enfin la dérivée naturelle de l'engluement est l'immobilisme par consommation vaine de toutes les énergies de changement. C'est par exemple la difficulté **endogène** du C.N.R.S. à améliorer sa performance, malgré une bonne image de marque, des attentes externes considérables, des soutiens financiers importants et des milliers de chercheurs de grande valeur.

La polarisation dedans/dehors

L'efficacité du changement est très largement tributaire du fait que les **forces sont plus ou moins polarisées sur le dedans et/ou le dehors de l'entreprise.** Cette polarisation est une propriété de chaque force, propriété qui se répercute au niveau de l'organisation toute entière : **l'entreprise ne justifie son dedans qu'en maîtrisant son dehors et ne maîtrise son dehors qu'en mobilisant son dedans.**

Cette double tendance vers le dedans, ou « Ego », et vers le dehors, ou « Eco », constitue le fondement de toute organisation selon la formule célèbre[2] que nous reprendrons dans un instant :

$$\text{EGO} \times \text{ECO} = \text{AUTONOMIE.}$$

L'EGO est la tendance durable ou la capacité potentielle d'une force à tirer le meilleur parti des ressources internes de l'entreprise, l'aidant ainsi à se prendre en charge collectivement par une appropriation plus forte du « sens partagé » donné aux choses, jusqu'au point ultime où le sens devient conscience de soi, ou « Ego collectif », « Nous ».

Exemples d'Ego faible : le changement de label de l'entreprise est passé inaperçu pour un quart du personnel ; les employés intérimaires se considèrent comme étrangers, tout au plus de « passage », dans l'entreprise pour laquelle ils travaillent ; un chef comptable compétent, intéressé par la tâche professionnelle qu'il assume est cependant indifférent aux grandes options et au destin de la firme.

Exemples d'Ego fort : tout le personnel s'est réuni spontanément pour tenter de résister à une O.P.A. sur l'entreprise lancée par un concurrent ; la mise en place d'un système d'horaires variables est perçue comme un réel progrès par les deux tiers des employés, les autres (à Ego faible) la subissent comme une contrainte dont ils ne comprennent pas le sens.

Faible ou fort, l'Ego est peu sensible au changement. Faible, puisque l'instinct de survie collectif est inexistant, la réactivité aux changements est également faible. Fort, parce que le phénomène

2. Formule due à Edgar Morin dans ses œuvres majeures : *La Nature de la nature* et *La Vie de la vie*, Seuil.

de « clôture sur soi » (dû à un fort Ego) nuit à la prise en compte sérieuse des changements survenant dans l'environnement. Par exemple : à force de se considérer comme le sel de la terre, les chercheurs d'un centre d'études de télécommunications se coupent du marché et mettent au point des modèles sans réels débouchés.

Vous l'avez compris d'expérience, le changement est plutôt le fait de la provocation venue du dehors ou Eco.

L'ECO est la tendance durable ou la capacité ponctuelle d'une force à tirer le meilleur parti des ressources externes (économiques, culturelles, professionnelles, sociales), par conséquent à s'arracher d'elle-même à son immobilité foncière, à s'intéresser et à réagir au « désordre » ambiant, à anticiper les évolutions, bref à communiquer dans les deux sens, avec l'espace-temps global.

Exemples d'Eco faible : la méthode de gestion des commandes est inchangée depuis onze ans ; les missions à l'étranger sont réservées au directeur commercial qui, seul, a l'initiative des nouveaux modèles.

Exemples d'Eco fort : les jardiniers d'un parc municipal recueillent eux-mêmes les avis et suggestions des usagers ; le système informatique décentralisé permet à chaque employé de suivre en temps réel les évolutions du marché.

Le vrai, le grand, le seul changement justifié vient du dehors. Si la provocation externe parvient jusqu'au moindre salarié et à la plus modeste des procédures, alors, **la cause première** de tout changement utile est en place. Et si tous les cuisiniers, serveurs, maîtres d'hôtel et chefs de cuisine, chacun à son niveau, s'ingénient à trouver une meilleure formule de restauration, gageons qu'elle sera trouvée !

En annexes, sont présentées les échelles détaillées Ego et Eco.

La champ global interne

Il est évident que chaque force (micro ou macro) n'opère pas indépendamment des autres. Elles sont au contraire fortement liées entre elles dans ce qu'on pourrait appeler un champ de forces ou **flux d'énergie, composition instantanée de forces Eco et Ego, matérielles et immatérielles, qui possède des propriétés globales rétroagissant sur chacune d'elles.** Imaginez une collection de petits jouets en plastique flottant à la surface d'une baignoire. Par leur propre mouvement, ils perturbent le plan d'eau qui assure la fonction de champ de forces. En retour les vaguelettes rétroagissent sur les objets, leur transmettant des mouvements secondaires qui agissent à leur tour sur le plan d'eau, et ainsi de suite.

La fonction de rétroaction du tout sur les parties (et inversement) est capitale. « Positive », la rétroaction amplifie la tendance naturelle Eco et Ego des forces, « négative », elle s'y oppose et ramène le champ de forces à l'équilibre précédent. La rétroaction négative (celle du thermostat de votre appartement) est profondément conservatrice ; elle obéit à des règles stabilisatrices, pour le meilleur ou pour le pire. Ici, le pire : le champ des forces d'une Administration fortement syndicalisée et soumise à un statut du personnel rigide, assujettit par anticipation toute vélléité d'amélioration venant du dedans et du dehors. La rétroaction est dite négative car elle corrige « en arrière » la boucle cause / effet. De ce fait, après chaque écart l'« ordre » précédent est rétabli :

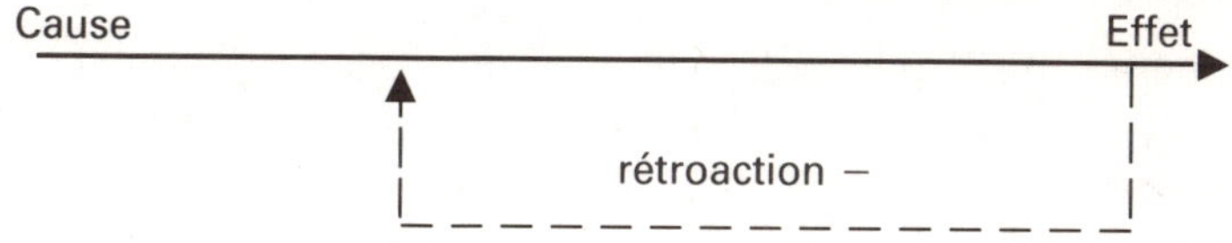

La rétroaction positive, au contraire agit « en avant » de la boucle cause / effet et accélère le changement :

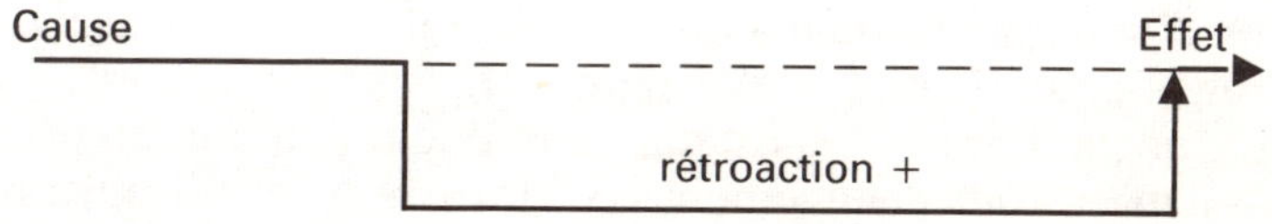

Par exemple, la mise en place d'une politique de « Qualité plus » fait boule de neige : partie de la production elle s'étend au commercial et au service administratif vers toujours plus de qualité, partout, à tous les niveaux.

Ici le changement est contagieux dans le bon sens. Mais la rétroaction positive peut aussi bien renforcer un changement pernicieux. Par exemple : la centralisation et la concentration accélèrent le dépérissement de la périphérie.

Les phénomènes de rétroaction qui s'exercent au sein du champ global, asservissent la plupart des microforces, aucune d'elles n'étant capable, seule, de surcompenser l'énergie composée par toutes les autres. C'est dire l'importance du champ à un instant donné. C'est dire aussi que **tout changement ponctuel est tributaire de la « bonne volonté » du tout.**

D'un point de vue pratique, on peut ajouter que si le concept de champ paraît plus abstrait, il est fonctionnellement plus utile que celui de force. Les forces nous concernent uniquement dans leurs rapports et pour leurs effets. Or, c'est justement ce qu'on appelle le champ, **un ensemble de rapports et d'effets,** sur lequel :

- doit porter le diagnostic, qui en analyse les propriétés globales et leur adéquation aux finalités,
- et doit s'exercer le management du changement, qui consiste à modifier les rapports entre les forces, pour en améliorer les effets.

Ce champ, il est possible d'en prendre un « flash » et de saisir d'un seul coup d'œil :

1. la position Eco / Ego des principales microforces, présentée sous la forme d'un nuage de points[3] (voir les schémas ci-contre) ;
2. le profil du champ lui-même, qui forme l'enveloppe du nuage.

Chaque profil particulier permet de discerner d'un seul coup d'œil les propriétés principales du champ, **notamment son comportement face au changement.** Par exemple : le profil introverti d'une usine de charcuterie industrielle met en évidence le fait qu'elle n'a pas de « fenêtre sur rue », si ce n'est par le truchement d'une direction commerciale : les efforts en faveur de la qualité et du changement n'en seront pas facilités.

Le profil indique également la forme et le niveau d'autonomie auxquels est parvenu le champ. **L'autonomie se définit ici comme la capacité d'une organisation à maîtriser son dehors et son dedans.** Le profil ultra-administratif (celui d'une organisation à faible Eco et Ego) est peu autonome ; il est par conséquent peu porté à procéder de lui-même à tout changement. A l'inverse le profil ultra-réactif l'est trop.

Enfin, l'évolution du profil dans le temps (passé, présent et futur probable) est un indicateur de vieillissement ou de rajeunissement du champ. Par exemple : pour un garage - concessionnaire d'une firme automobile, le fait de passer d'un profil socio-culturel très dynamique à un profil ultra-administratif est un signe d'appauvrissement du champ.

Le modèle français d'organisation ne serait-il pas trop « introverti » ? Selon Michel Albert[4], le modèle capitaliste anglo-saxon, plus « systémique » ne s'oppose-t-il pas au modèle rhénan et japonais plus « continental », voire en « feuille de chêne ».

3. Une méthode de positionnement a été établie par Bossard Consultants sous le nom de *Management Global*.
4. Michel Albert, *Capitalisme contre capitalisme,* Seuil.

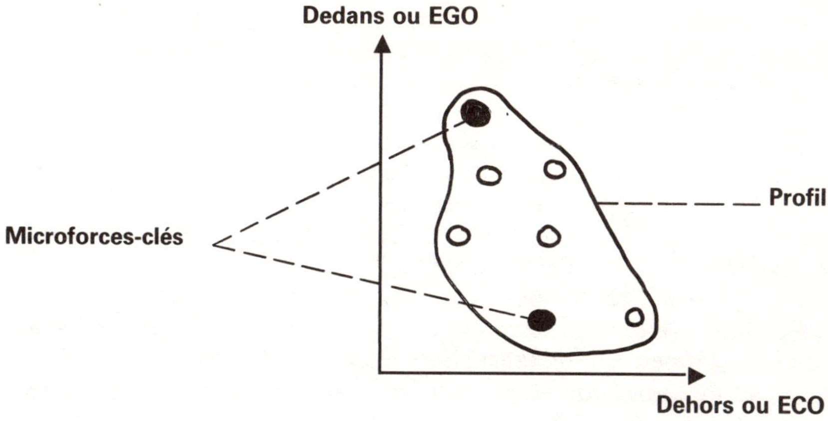

Une grande variété de formes ou de profils est évidemment possible, par exemple :

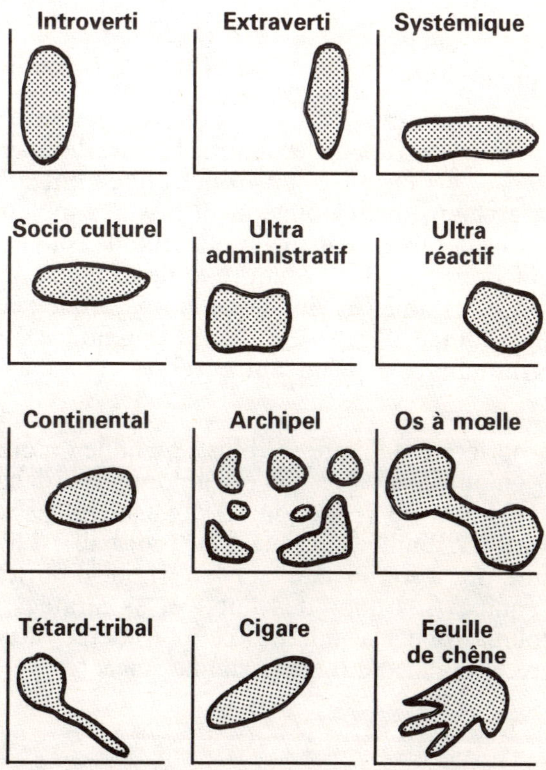

Les quatre composantes du champ global

Il est tentant de subdiviser la matrice ECO/EGO en quatre sous-ensembles classiques et typiques, comme si cette partition arbitraire ne risquait pas de réduire le champ à une somme de parties possédant chacune des propriétés singulières. Les microforces tiennent leur sens de leur position mutuelle sur la matrice. **Le champ est une composition originale qui forme un tout, et tout est liaison.** Peut-on réduire un tout ?

Le risque réductionniste peut être surmonté si ces sous-ensembles sont considérés non pas comme des fonctions, mais plutôt comme des métafonctions[5] ayant une vocation globale. Chaque métafonction exerce son empire sur les trois autres et le tout, pris comme tout. Par conséquent, s'il est utile de les distinguer par souci de clarté formelle, il est plus encore nécessaire de comprendre leurs influences réciproques par souci d'efficacité. Ces quatre métafonctions sont présentées à la page suivante, sous la dénomination plus simple de « champs ».

Le mot « holomorphe » peut surprendre. Il définit ici la propriété d'une microforce « d'être sensible aux fonctions assurées par les autres, et de réagir, à son niveau, comme l'organisation entière ».

Par exemple :

- de sa propre initiative et dans l'intérêt général, le service entretien décide, un dimanche matin, la mise hors circuit d'une empaqueteuse et la mise en fonctionnement d'une autre machine. Ce changement oblige à un travail supplémentaire de week-end considérable, mais il est effectué dans le but d'optimiser la production qui doit reprendre le lundi matin à 7 heures,
- pour accroître les chances de succès d'une affaire commerciale difficile, une équipe d'ingénieurs d'étude renonce à son propre projet et soutient celui d'un autre service (... concurrent) de l'entreprise.

Cette propriété étonnante est plus répandue qu'on pourrait le croire. Tout enfant de quatre ans est holomorphe dans la mesure où il porte en lui et en réduction le langage, les habitudes et la culture de toute sa famille. Un joueur de foot-ball est holomorphe, dans la mesure où, à son niveau, sur le terrain, il porte à la fois le projet de l'équipe (marquer des buts) et sa stratégie (comment gagner). Holomorphe, la microforce considérée accomplit son travail propre, à la place qui est la sienne, mais (et ce « mais » est

5. *Méta,* du grec : *avec, parmi, après, ensuite.* Il évoque la succession et le changement (métabolisme). Dans le langage scientifique que nous empruntons ici, « méta » indique ce qui dépasse l'objet en question.

capital) **en référence au projet et à la stratégie du tout.** Un peu comme un chromosome qui porte le programme génétique du corps entier.

Mais il y a plus et mieux.

La position des microforces largement ouvertes sur le dehors et closes sur le dedans engendre, au niveau le plus haut, une propriété éminente, **l'autonomie** globale, laquelle se décline au niveau le plus bas par des propriétés tout aussi importantes : **l'auto-réactivité cohérente aux pressions extérieures, l'auto-production de sens collectif, l'auto-réorganisation locale.** Chaque individu est paradoxalement **libre** de prendre toutes les initiatives et **enclin** à ne s'engager que sur celles répondant au projet de l'organisation.

Comprenez qu'ici, le changement pertinent n'est pas provoqué par quelque chef supérieur mais par le collaborateur le mieux placé pour réagir dans l'intérêt du tout. Bien sûr, cette métafonction est trop idéale pour être pleinement réaliste. Notamment elle exige de forts investissements en formation, information, structures en réseaux, concertation, coûts élevés qui limitent son emploi, le plus souvent, à certains niveaux privilégiés de l'entreprise.

DEDANS OU EGO ↑

CHAMP TRIBAL DE MOBILISATION SOCIALE « La tête dans les étoiles » autonomie sociale appropriation morale sens - culture - projet énergie utilisée : de fusion Unité d'action.	**CHAMP HOLOMORPHE (1) DE DÉVELOPPEMENT** « Un pour tous, tous pour un » autonomie globale responsabilité décentralisée cellularité - réseaux énergie utilisée : foisonnante mais coordonnée Rétroaction Eco/Ego tout/parties...
CHAMP MÉCANISTE DE FONCTIONNEMENT « Le nez dans le guidon » autonomie administrative continuité - ordre processus - hiérarchie énergie utilisée : fossile Systématisation des actions	**CHAMP MERCENAIRE DE CHANGEMENT** « Un pied dedans, un pied dehors » autonomie professionnelle contrôle des flux de produits, d'argent, d'idées... combativité - mérite énergie utilisée : de différence de potentiel Individualisation des actions et des réactions

→ **DEHORS OU ECO**

(1) Holomorphe, du grec « holos », *entier, tout.*

Les jeux du changement

Dans ce contexte, le changement est l'ensemble des actions et des moyens coordonnés dans le temps et dans l'espace, destinés à remodeler un champ de forces afin de lui donner une autonomie plus appropriée à son état ou à ses buts.

Dit autrement, c'est **un jeu sélectif de micro ou de macroforces-clés chargées de réduire, déplacer, modifier, transformer d'autres microforces/gluons dans le champ ECO-EGO, de telle sorte que le profil obtenu soit plus performant que le précédent.**

Dans une chaîne de restaurants X (de type fast food), il est décidé de miser sur le futur dynamisme de l'entreprise, face à la concurrence, par une formation de haut niveau. Celle-ci est dispensée dans une « Université X » de grand standing et destinée à un personnel jeune, inexpérimenté et rémunéré modestement ; le résultat ne s'est pas fait attendre : la rapidité du service, la qualité des plats, l'amabilité du personnel, la propreté des salles, l'animation générale qui laissait à désirer, constituent désormais un atout commercial important. Mais une autre stratégie aurait pu être imaginée, par exemple, l'emploi de salariés plus âgés, plus expérimentés, et... mieux rémunérés.

Les moyens d'une stratégie de changement sont à puiser dans les microforces matérielles et immatérielles de la structure et des systèmes qui sont repérées dans le champ, ou qui sont à inventer et à introduire dans le champ. La venue d'un jeune cadre, ancien élève d'une Grande École, va transformer en profondeur les méthodes ronronnantes de management d'une entreprise familiale.

D'une façon plus savante et par métaphore, les jeux du changement peuvent relever de la physique de l'infiniment petit ou de l'infiniment grand. Ainsi, à l'image d'une particule physique, une microforce peut être « activée », c'est-à-dire portée à un haut niveau d'énergie dans le but d'en faire une microforce-clé ; l'activation est souvent d'ordre immatériel. La consultation des cadres, par le directeur général, avant de prendre une décision, développe un climat de confiance.

De même, à l'image d'un objet céleste, une microforce « courbe » l'espace-temps environnant d'autant plus que son activation ou plutôt sa « masse » est élevée, provoquant ainsi un phénomène d'attraction sur les gluons proches de masse plus faible. Dans une imprimerie en mutation, les techniques modernes pèsent d'un tel poids que le statut professionnel (pourtant très contraignant) est inexorablement attiré dans l'orbite de la technique ; celle-ci finit par imposer ses impératifs au sein de chacun des articles du statut, lequel est menacé à la longue de dislocation.

Cette conséquence vaut le détour : **on meut autant une microforce par une poussée, que par l'attraction exercée par une autre microforce ancienne et activée, ou par une nouvelle introduite dans le champ à la place voulue.**

Ces jeux de force, d'attraction, de répulsion, de levier, de point d'appui, de choc, d'effet de bande... nous conduisent à une vision plus générale de la dialectique du changement.

La dialectique est la voie (dia, à travers) empruntée par la nature, la pensée et les organisations sociales pour se mouvoir. C'est aussi le principe de l'énergie à l'œuvre dans un champ de forces. C'est parce que l'ingénieur X est personnellement ambitieux qu'il suscite dans le service une forte tension technico-commerciale, d'où il compte bien sortir en meilleure position que ses collègues.

La dialectique se ramène le plus souvent à une relation entre deux pôles, l'unité et le multiple, l'ordre et le désordre, le plein et le vide, le passif et l'actif, le plus et le moins, le haut et le bas, et bien entendu le dedans et le dehors.

Par exemple :

Ordre/désordre - dialectique du chambardement : tous les cinq ans, les équipes d'une agence de publicité sont reconstituées sur d'autres bases ; chacun se retrouve dans un bureau différent avec des collègues nouveaux travaillant dans le cadre d'une organisation rénovée.

Ordre/désordre - dialectique de l'agora : avant de mettre en œuvre un nouveau programme de diversification, le directeur général d'une entreprise de mécanique de précision lance auprès du personnel un programme de discussions, propositions et d'échanges destiné à recueillir, tester, contester, choisir les meilleures idées.

Passif/actif - dialectique du clinamen[6] : tous les progrès commerciaux d'une société d'horlogerie dépendent de trois responsables « mercenaires » qui donnent journellement des impulsions nouvelles pour que fonctionne correctement le reste de l'entreprise, dont le profil est à dominante mécaniste.

Haut/bas, plus/moins, un/multiple : dialectique de l'équilibre[7] par un jeu d'essais et d'erreurs et d'ajustements successifs, une société d'emplois intérimaires s'efforce de trouver un créneau marketing original pour ne pas tomber dans le « multiple » des petites entreprises sans personnalité, donc sans avenir.

5. En hommage à EPICURE qui imagina le concept d'« initiative » de l'atome.
6. En souvenir de PROUDHON pour qui les contraires sont en relation d'opposition, non conciliable dans l'unité.

Plein/vide : dialectique de différence de potentiel : devant le vide créé par un service de gestion défaillant, la production accapare peu à peu les tâches administratives et de contrôle, et étend progressivement son influence à toute l'entreprise.

Endroit/envers : dialectique de compensation : parce qu'une entreprise se lance dans l'aménagement de boutiques de produits surgelés de haute gamme, son concurrent supprime tous ses magasins et développe le service de commandes par téléphone ou minitel, et de livraisons à domicile.

La dialectique du vivant

Parmi toutes ces dialectiques, deux d'entre elles jouent le rôle éminent de matrice naturelle du changement : ce sont les dialectiques ordre/désordre et dedans/dehors.

Une entité autonome cherche toujours à maîtriser son ordre et son désordre interne et externe.

Les organisations administratives craignent les perturbations. Le désordre est la hantise de **l'ordre passif** fermé au changement. A l'inverse, et contrairement à une idée reçue, le « désordre » interne et externe est la source irremplaçable de **l'ordre dynamique,** auto-organisateur de changement, auto-générateur de vie biologique et sociale.

L'ordre dynamique[8] découle :

- des turbulences dues au management participatif
- des initiatives plus ou moins contrôlées issues d'un système de décentralisation des décisions
- de l'organisation en réseaux
- de l'activité professionnelle polycellulaire (par atelier, site, division)
- du jeu personnel de collaborateurs plus « mercenaires » que véritablement engagés dans la culture et préoccupés par l'intérêt de l'entreprise
- de l'introduction dans le champ de forces d'éléments destructurants extérieurs qui deviendront par la suite des éléments structurants : idées, hommes, capitaux, partenaires, produits, services, techniques, méthodes.

Bien sûr ces éléments perturbateurs créent un désordre momentané, **mais ce désordre, s'il est maîtrisé,** devient le creuset où s'effectue la dialectique du changement, et ce, par le simple jeu des lois physiques.

8. Opposé à l'ordre passif, « l'ordre dynamique » est désigné par la plupart des auteurs sous le nom « d'organisation ».

Ces lois s'appliquent notamment au champ holomorphe. Celui-ci tire sa performance exceptionnelle et sa fragilité du désordre qu'il introduit mais qu'il maîtrise selon les principes de la dialectique du vivant : **à chaque instant et au niveau le plus bas, la corruption, la déviance, le réactif mordent sur l'ordre intérieur, lequel se reconstitue à mesure sur les brisures du désordre.** Les millions de cellules de notre corps qui meurent en permanence sont remplacées par des millions de cellules nouvelles, et ce, dans l'unité de l'être. L'ordre dynamique se nourrit de chaos.

Par exemple :

Ordre/désordre, dedans/dehors : dialectique du vivant : tous les jours les infirmières et les médecins d'une clinique contestent la performance des méthodes de gestion et de soin, mais chaque jour, avec l'appui de l'administration, ils trouvent des solutions nouvelles qui améliorent progressivement le service aux malades et la gestion économique de l'établissement.

Handicap, par le fait qu'il est le lieu de toutes les incertitudes, le désordre est aussi le lieu de liberté générateur de toutes les nouveautés, initiatives et changements. Maintenir, contrôler, exploiter le désordre interne et externe sont les trois mamelles de la conduite du changement.

Coup d'œil sur quelques cas *(suite)*

2. Contexte humain

Le contexte humain tient une place importante dans les démarches de changement, comme si aucun changement ne pouvait être envisagé sans que ne soit prise en compte la plus ou moins grande bonne volonté des hommes à entrer dans le jeu.

Le contexte humain s'articule autour de données historiques, professionnelles, culturelles et environnementales.

Les données historiques insistent sur le passé lointain et proche qui a fortement marqué les esprits :

- *longue période de restructuration assortie de diminution d'effectifs*
- *nouvelle équipe de direction*
- *après la crise de 1985, redressement spectaculaire (+ 20 % par an actuellement)*
- *accident grave sur un chantier qui a servi de déclencheur pour une campagne de sécurité*
- *usine ancienne cloisonnée, habituée à travailler selon des méthodes désuètes.*

Les données professionnelles et culturelles tiennent compte, davantage, du secteur économique, de l'aire géographique et de la mentalité générale :

- *turn-over très élevé (22 %) dans une société d'informatique*
- *habitude de la maîtrise à réagir dans le même sens que les agents de production*
- *haute technicité du personnel*
- *attachement à l'usine*
- *emprise syndicale forte, peu d'alliés résolus, O.S. habitués à se « battre »*
- *personnel jeune et motivé*
- *individualisme des chercheurs, des enseignants, des experts*
- *absence d'initiatives due à un management hyperdirectif ; morosité de l'encadrement*
- *lutte de pouvoir, quête « d'étoiles »*
- *aucune expérience syndicale, ni de représentation du personnel*
- *mauvaise formation à l'économie*
- *valeurs très fortes : rentabilité, production, délais, qualité, accueil, professionnalisme*
- *laisser-aller administratif, procédures peu suivies*
- *réserve, voire hostilité, vis-à-vis de tout changement technique*
- *communication et quadrillage du terrain laissent à désirer.*

Quant aux données environnementales, elles prennent en compte l'impact sur le personnel d'événements commerciaux et économiques extérieurs :

- *réponse aux exigences fortes des clients*
- *prise de conscience d'un environnement en mutation face à une organisation interne figée*
- *zone d'activités en développement, création d'entreprises et d'emplois*
- *apparition d'un hypermarché concurrent dans la ville*
- *ouverture de marchés nouveaux en Europe de l'Est*
- *avancées technologiques considérables*
- *baisse des prix de vente de la concurrence*
- *recrutement plus difficile de cadres de haut potentiel*
- *opportunités de partenariat avec d'autres entreprises, l'Université, des médias, des laboratoires*
- *accroissement saisonnier de la demande*
- *libre circulation de la main-d'œuvre dans la C.E.E.*

De toutes ces données, (qui interviennent directement ou indirectement sur le contexte humain) celles qui relèvent de l'histoire et de la culture socio-professionnelle sont plus portées à freiner le changement qu'à le conduire et a fortiori à le précéder.

Il reste que le « dehors » est la cause principale du changement : le « dedans » peut s'accommoder de lui-même, il ne peut demeurer indifférent au « dehors ».

(suite page 51)

Chapitre 3

LES GRANDS AXES DU CHANGEMENT

Le but ultime du changement

Le décor est posé. Les acteurs sont en place. Les règles du jeu sont connues. La pièce peut commencer.

Cette pièce a plusieurs scénarios, on en imagine le mouvement général et peut-être le dénouement. La cible théorique du changement est connue : **elle est à dominante holomorphe**, même si ce champ performant est trop idéal pour être réaliste. Nous l'avons dit, le champ holomorphe est coûteux à maintenir en état et suppose une **hypertension** difficile à contrôler. Il atteint le plus haut niveau de complexité là où le désordre interne est autogénérateur d'un ordre dynamique, toujours contesté mais toujours entretenu. Il tient lieu d'asymptote inatteignable, de but transcendant, de fin ultime.

Comprenons-nous bien : s'il n'est pas question de fonder exclusivement une organisation sur l'holomorphisme, il est néanmoins possible et recommandable de conduire le changement dans sa direction, pour telle ou telle de ses parties, pour une durée déterminée, dans des circonstances et un environnement favorables.

Reconnaissez qu'une direction générale aurait intérêt à être holomorphe durablement, même si elle peut et doit jouer la carte mercenaire ou tribale dans certaines occasions. Pourquoi ne serait-ce pas également le cas d'un service de marketing et d'une direction de la production ?

À l'inverse, une structure mécaniste peut fort bien convenir pour un service de traitement informatique de chèques, ou pour des microforces de maintenance technique ou de gestion administrative du personnel. De même, une structure mercenaire peut répondre aux exigences d'un service de vente, ou d'une microforce concernant les systèmes de recrutement et de rémunérations.

Dans la même veine, une structure tribale peut se justifier à l'occasion d'un changement de site de production, l'arrivée d'un nouveau président, ou pour la microforce « relations humaines ».

Mais si toutes ces microforces mécanistes, mercenaires ou tribales pouvaient, à coût réduit, devenir holomorphes, pourquoi pas ? Ainsi la cible holomorphe est recherchée, moins pour elle-même que pour le mouvement dynamique induit ainsi créé qui neutralise le mouvement naturel inverse.

En effet, laissée à elle-même ; toute organisation change « en pire ». Ce pire est certes relatif et circonstanciel, mais pose chaque fois la question de sa pertinence : « peut-on faire mieux ? »

Ce pire est souvent le signe d'une **hypotension** mécaniste ou d'une **hémiplégie** tribale ou mercenaire et requiert un diagnostic plus approfondi.

Dit autrement, la loi de « préférence holomorphe » est la seule à s'opposer à deux lois naturelles qui opèrent en sens inverse :

– loi de vieillissement :
à long terme l'Ego se sclérose et l'Eco s'épuise

– loi de polarisation :
à court terme, plus l'Ego se renforce, plus l'Eco diminue et inversement

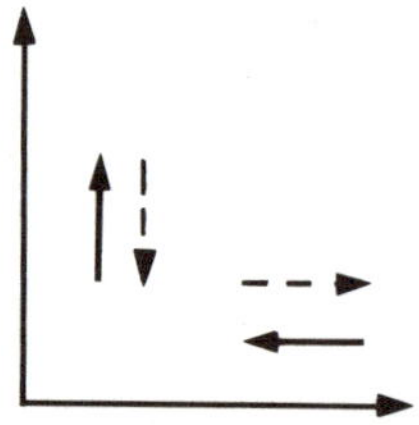

Décidément, l'holomorphisme est un bien rare... et la pente administrative bien savonneuse !

Le tableau de la page suivante présente les facteurs de changement susceptibles d'agir spécialement au sein des quatre champs de base. On remarquera que les organisations tribales et mécanistes sont doublement pénalisées, car elles sont l'une et l'autre allergiques à toute influence externe et peu accueillantes aux initiatives internes. Nos grandes Administrations nationales n'ont-elles pas souvent, hélas, ce profil introverti ?

Résumons-nous par une recommandation plus synthétique : **ne pas hésiter à renforcer les champs mécaniste, mercenaire et tribal, si le but est de développer, dans l'ordre, un meilleur fonctionnement quotidien, plus de réactivité et plus d'attachement moral, mais préférer l'holomorphisme partout où c'est possible, à coût raisonnable.**

LES FACTEURS DE CHANGEMENT

DEDANS

	Peu de changement provoqué	Fort changement provoqué
Changement + immatériel	**CHAMP TRIBAL** • La culture interne évolue • Les changements externes finiront (?) par coïncider avec la culture interne (dixit) • L'initiative isolée d'un leader • ... ou sclérose culturelle.	**CHAMP HOLOMORPHE** • Chaque individu conduit le changement à son niveau dans l'intérêt du tout et des parties, sous la pression du dehors et dans le respect du dedans. • ... ou désorganisation progressive provoquée par une suite de petites erreurs mal contrôlées.
Changement + matériel	**CHAMP MÉCANISTE** • Les mécanismes internes évoluent • Les changements externes finiront (?) par faire bouger les procédures internes • La décision autoritaire d'un chef • ... ou grippage administratif.	**CHAMP MERCENAIRE** • L'organisation est conçue pour tirer le meilleur parti de la « provocation » externe. • Les initiatives individuelles perturbent ou génèrent du progrès. • ... ou perte d'identité collective.

DEHORS

Le changement d'un champ mécaniste

L'axe préférentiel du changement est tracé : mais que faire et comment changer une organisation indûment ou exagérément mécaniste qui donnerait des signes de fatigue ? Par exemple, dans un service de traitement de masse des commandes d'une société de ventes par correspondance, il a été constaté un absentéisme élevé, un accroissement du taux d'erreurs, des signes de mauvais esprit. De plus les revendications syndicales sont plus nombreuses et plus agressives. Comment faire bouger une telle organisation ? Peut-elle et doit-elle devenir directement holomorphe ? Ne doit-elle pas plutôt emprunter une voie indirecte pour s'en rapprocher lentement... si les circonstances sont favorables.

Analysons le cas général d'un champ mécaniste dominant :

Principe : « Le nez dans le guidon »

Caractéristiques : Dehors lointain, dedans faible
Microforces matérielles dominantes
Fonctionnement administratif

Valeurs : Le travail, l'ordre, le respect des procédures, les quotas, le statut, la continuité, la hiérarchie, la sûreté, la justice.
Attitude légaliste.

D'où : Repli sur la tâche immédiate.
Goût de l'obéissance, pas de tendance à l'initiative.
Risque de routine et de désaffection.
Syndicalisme de contestation.
Tout changement se heurte à une résistance caractérisée par la présence de gluons juridiques, techniques, commerciaux, sociaux. Ces freins matériels constituent souvent des handicaps moins difficiles à surmonter que les gluons immatériels engrammés dans la culture collective et plus particulièrement dans les esprits des responsables.

Gluons : Peur du désordre, de l'instabilité et de tout changement en général.
Inquiétude devant une situation nouvelle (professionnelle ou sociale) qu'on craint de ne pas savoir gérer convenablement.
Refus de l'engagement personnel.
Crainte de perdre son positionnement statutaire.
Incapacité à comprendre la globalité de l'entreprise.

Conséquences : Refuge dans le formalisme procédurier et bureaucratique.

Tout manager sait d'instinct que la voie directe vers l'holomorphisme est pratiquement impossible et que le chemin tribal indirect n'est pas souhaitable.

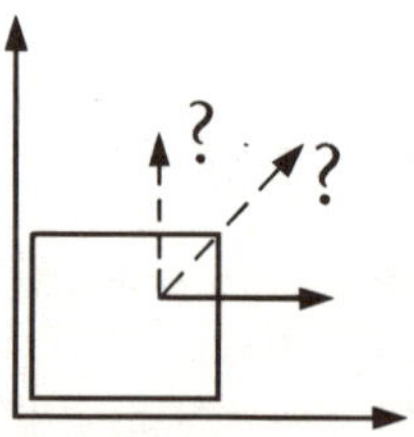

L'effort opérationnel réaliste consiste plutôt à justifier le travail accompli par l'entreprise pour le dehors, autrement dit à ouvrir autoritairement le dedans sur les exigences commerciales, économiques et sociales du marché.

Dans bien des cas, l'engluement mécaniste atteint la direction générale elle-même, laquelle par conséquent est incapable de conduire cette ouverture forcée. C'est pourquoi il est souvent nécessaire d'imposer de l'extérieur une nouvelle équipe de direction. Cette équipe aura à inventer dans un premier temps des stratégies d'ouverture qui seront étudiées au chapitre VI, par exemple : les stratégies de mercenaires, de coopération marketing, de réseau pour le changement.

Dans un deuxième temps, d'autres stratégies plus tribales et holomorphes pourront être envisagées.

Le changement d'un champ mercenaire

Il s'agit ici d'améliorer par exemple la performance d'un service de recherche composé principalement d'experts compétents, mais « mercenaires », plus intéressés par des enjeux purement professionnels que par le développement dc l'entreprise qui les emploie.

Principe :	« Un pied dedans, un pied dehors »
Caractéristiques :	Dedans, dérisoire, dehors envahissant. Microforces matérielles asservies aux microforces immatérielles. Fonctionnement par initiatives et intérêts particuliers.
Valeurs :	Goût du risque, des « bons coups », de l'effort individuel. Curiosité, imagination, innovation.
D'où :	Attitude sceptique vis-à-vis des autres fonctions de l'entreprise. Intérêt pour les contrats-missions personnalisés, rémunérés sur les résultats. Syndicalisme quasi inexistant ou catégoriel.
Gluons :	Peur d'une récupération idéologique, incapacité à entrer dans le discours officiel, difficulté à accepter et à suivre les procédures internes. Crainte de consacrer trop d'énergie au service du dedans au détriment des opportunités venant du dehors. Crainte d'être dominé par d'autres mercenaires ayant mieux géré leur rapport de pouvoir. Incapacité à vivre la globalité.

Conséquences : Refuge dans le pragmatisme et l'activisme.
Développement de gluons perturbateurs ou, à l'inverse, de microforces génératrices de changement.

Ici, la ligne générale du changement vers plus d'holomorphisme consiste à développer – dans une première phase – un sens plus communautaire au moyen de stratégies spécialisées présentées également dans le chapitre VI, par exemple : les stratégies tribale, de jalonnement, de « niches sociales », puis dans un deuxième temps à engager délibérément des stratégies de vide contrôlé, de projet dedans/dehors, etc.

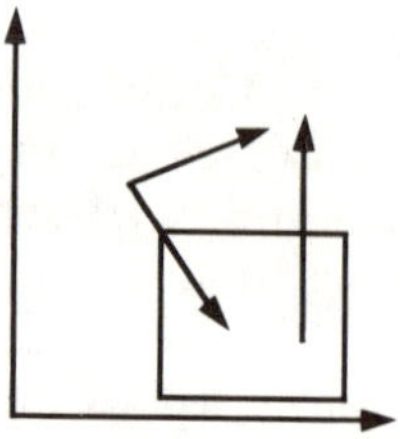

Le changement d'un champ tribal

Optons pour le cas du corps professoral d'une Université.

Principe : « La tête dans les étoiles »

Caractéristiques : Dehors suspect et dedans hypertrophié.
Microforces immatérielles dominantes.
Fonctionnement par attachement culturel.
Flou administratif.
Production souvent déficiente.

Valeurs : Le passé, la vocation, le « dieu domestique » (ici, l'Enseignement), une certaine idée abstraite du monde.

D'où : Attitude sceptique vis-à-vis des autres fonctions de l'entreprise.
Consensus, dévouement, sentiment d'appartenance fort.
Syndicalisme corporatif.

Gluons : Peur du dehors jugé irréel.
Peur d'une remise en cause du système culturel interne.
Peur de changer de cap.
Crainte pour les responsables (sorte de guides...) de perdre de leur influence.
Refus de renoncer à la « fausse » globalité dans laquelle la « tribu » est enfermée.

Conséquences : Refuge consensuel géré pour durer.

Contrairement aux démarches précédentes, il s'agit ici de neutraliser un double excès tribal :

1. La tribu mise trop sur l'immatériel et néglige souvent les rigueurs de la production : le fonctionnement technique et administratif laisse à désirer. Dans certains cas, il est bon de renforcer ou de réintroduire des procédures plus rigoureuses.
   D'où l'emploi par exemple d'une stratégie mécaniste.

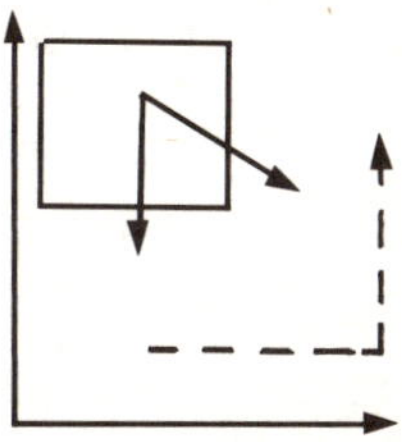

2. La tribu mise trop sur le dedans et néglige le dehors, le marché, les clients, les concurrents. Il est toujours utile ici de conduire un changement par « ouverture forcée », notamment au moyen de la stratégie de coopération marketing.

Consolidation d'un champ holomorphe

A proprement parler, le champ holomorphe offre un niveau de performance indépassable. Mais sa fragilité est telle qu'il tend à se dégrader sous l'effet des micro-réactions individuelles peu pertinentes et mal coordonnées. Le désordre et l'ordre s'équilibrent dans les organisations complexes, et peu de choses suffisent pour les déstabiliser. Le changement ne porte pas ici sur une modification d'état, mais sur le rétablissement permanent d'un état continuellement menacé de dégradation.

Principe : « La partie est dans le tout et le tout dans la partie »

Caractéristiques : Dehors constructif et agressif.
Dedans fédérateur.
Auto-réactivité en temps réel.
Auto-réorganisation permanente.
Fragilité.

Valeurs : Métacompétence. Cohérence. Convergence. Positivité. Développement. Souci d'intégrer l'intérêt commun dans chaque action, même modeste.

D'où : Organisation toujours plus décentralisée fonctionnellement et plus recentrée culturellement.

Gluons : (En principe, l'engluement est ici inexistant, en contrepartie la fragilité est grande).

La consolidation d'un champ holomorphe résulte d'une mise sous tension permanente, créant, nous l'avons déjà souligné, une hypertension difficile à contrôler. Le management avancé a largement exploré les voies de l'holomorphisme : organisation cellularisée, système en réseaux, hiérarchie légère, stratégies concertées, gratifications multiples, formation généralisée, informations en temps réel. Nous ajouterons les stratégies de « niches sociales », de « vide contrôlé », de « projet dedans-dehors »...

Nous l'avons compris, ces stratégies, méthodes et moyens concourent à faire de l'entreprise une sorte de fédération de P.M.E. animées par des artisans passionnés par ce qu'ils font...

Coup d'œil sur quelques cas *(suite)*

3. Les moyens

Les moyens sont évidemment nombreux et variés. Le premier d'entre-eux, qui s'en étonnerait ? est le diagnostic. Il est conduit par des experts externes ou internes ; ceux-ci sont souvent organisés en « groupes de travail » et en sous-groupes chargés de faire des propositions à la direction ; il n'est pas rare que des agents de production participent à l'élaboration des solutions ; le diagnostic est quelquefois complété par une enquête d'opinion auprès de tout le personnel ou de l'encadrement quand il s'agit d'apprécier le style de management.

Après qu'aient été fixés les objectifs et le plan directeur (qui s'étend sur x mois ou années), interviennent les moyens bien classiques du changement. De la lecture de cette liste banale on peut malgré tout tirer une remarque importante : l'efficacité du changement dépend moins de l'originalité des moyens utilisés que de la démarche globale dans laquelle ils sont insérés :

- *programmation intense de formation et de requalification,*
- *communication mieux ciblée (message du Président, journal, panneaux électroniques),*
- *amélioration des circuits administratifs, commerciaux, techniques ; nouvelle politique de personnel,*
- *structures plus décentralisées, réorganisation de certains ateliers, meilleurs positionnements stratégiques, lignes hiérarchiques plus courtes, organisation de la force de vente selon d'autres critères...,*
- *management plus participatif, notamment celui de la maîtrise ; développement de la concertation ; emploi d'une stratégie de projet...*

On constatera une fois de plus que les moyens du changement constituent à leur niveau, des sous-objectifs de changement, lesquels, pour être atteints, requièrent l'emploi d'autres moyens... et ainsi de suite jusqu'aux microforces élémentaires.

4. Les difficultés rencontrées

Elles tiennent pour l'essentiel non pas à tel changement particulier, mais du simple fait de changer :

- *poids des structures, des circuits, des habitudes...,*
- *difficulté de travailler ensemble,*
- *rupture culturelle trop forte par rapport au passé,*
- *lenteur de la prise de conscience du changement nécessaire ; lenteur des décisions dans le Groupe,*
- *crainte de ne pas être à la hauteur des nouvelles tâches professionnelles ou managériales,*
- *peur d'une manipulation de la direction qui se traduirait par une perte de pouvoir et des suppressions d'emplois,*
- *inertie ; après un bon démarrage, l'effort se relâche.*

A cela s'ajoutent :

- *absence d'objectifs stratégiques clairs ; perte du projet initial ; incertitudes sur les marchés à court terme,*
- *communications insuffisantes,*
- *trop de discours incantatoires, pas assez d'actions concrètes,*
- *incidents, accidents, événements internes et externes venant perturber la conduite du changement,*
- *planification peu cohérente, du moins pour les agents du changement.*

Et surtout :

- *appui quasi nul de l'encadrement ; manque d'engagement crédible de la direction, et de ce fait, peur d'être désavoué en cas d'échec.*

(suite page 62)

Chapitre 4

L'EQUATION DU CHANGEMENT

La stratégie, un maître mot

Dès lors que vous dites « changer ça », que ce soit par réglage, réforme, restructuration ou refondation, vous posez implicitement un problème politico-stratégique, même si dans la plupart des cas celui-ci se réduit à peu de chose. Traverser une rue au milieu d'un flot de voitures (se déplacer) ou adapter un service commercial à de nouveaux marchés (transformer) pose le problème fondamental du changement volontaire : comment s'y prendre au mieux ? comment atteindre la cible au plus proche avec si possible une seule flèche ? Comment maximiser les espérances de gain et minimiser les risques de coût ? Comment faire le plus avec le moins ?

A l'état pur, l'optimisation de l'enjeu gains/coûts se retrouve dans l'acupuncture qui vous guérit d'un mal de dos au moyen d'un minimum d'aiguilles bien placées.

En politique, c'est au gouvernement que revient la fonction de définir « le quoi faire », ou si vous préférez le but ou les objectifs matériels et immatériels à atteindre. Il est le seul à être investi du droit constitutionnel de décider, dans le cadre des lois, de l'intérêt commun ; comme dans l'entreprise, le P-D.G. ou le gérant est le seul à désigner en dernier ressort le sens et le terme du changement. Ce faisant, c'est à lui que revient la délicate mission de dire « si le jeu vaut la chandelle », donc d'apprécier qualitativement la relation gain > coût.

Fondamentalement, un décideur, qu'il soit Président de la République ou chef d'entretien, **se place toujours au plus haut niveau économique possible.** Obligé de décider pour changer et ne disposant que de moyens limités, il « optimise » les termes de l'enjeu. Pour ce faire il utilise des méthodes d'aide à la décision qui sont, il faut bien le dire, objectivables pour une petite moitié et intuitivo-affectives pour une grosse moitié. Cette mission est « politique » au sens fort du mot, de « polis », la ville où vivent des citoyens : la politique est l'art de gouverner la Cité, magistère suprême pour toutes les affaires de société.

Le stratège n'intervient pas ici comme décideur, mais comme un expert ou consultant. Il apporte son concours au responsable supérieur pour lui suggérer divers scénarios de changement, pour apprécier leur **faisabilité**, pour fournir des éléments d'évaluation du rapport **gain/coût**, pour éventuellement donner sa préférence en faveur de telle ou telle option. En dernière analyse c'est « le patron » qui décide comme toujours, seul.

Dans la logique clausewitzienne[1] le concept de « politique » prévaut sur celui de « stratégie », les décisions de la chancellerie l'emportant sur les préférences de l'état-major.

Par contre, la stratégie est poussée sur le devant de la scène dès lors qu'il s'agit d'être efficace « dans les faits », ou pour user d'un jeu de mot, « obtenir l'effet voulu ». **La stratégie est l'instance de conduite du changement.**

C'est l'état-major du changement qui collationne le renseignement, établit et assure la mise à jour du diagnostic, sélectionne les moyens disponibles, imagine les scénarios les moins coûteux et les plus efficaces, planifie les séquences de l'action, désigne et soutient les responsables des actions subordonnées, qui veille à la bonne exécution tactique, qui coordonne l'ensemble de la manœuvre, qui stimule la volonté collective, qui profite des opportunités et qui communique alentour à bon escient...

C'est aussi le stratège qui juge de l'instant crucial où une nouvelle phase du changement doit être déclenchée. Autrefois, même en présence du roi, seul le connétable avait le pouvoir d'engager la bataille.

Le langage anglo-saxon nous a familiarisé avec un concept de stratégie focalisé exclusivement sur la relation de l'entreprise avec son marché. Cette conception nous dit en substance que politique et stratégie se confondent pour rendre le « dedans » totalement tributaire du « dehors ». Cette idée est capitale.

Mais de plus en plus, après avoir été l'art de la bataille et de la diplomatie chez les grecs, puis l'art de conduire tous les combats (cf. les stratégies financières, commerciales, énergétiques, écologiques...) la conduite stratégique se hausse au niveau d'un agencement d'une suite de décisions ayant pour objet le **remodelage** total ou partiel [...] d'une entité extérieure non consentante au départ[2]. Formulation éclatante exprimant un glissement sémantique. La

1. Carl von Clausewitz, Général prussien du siècle dernier, célèbre pour son ouvrage *De la guerre*.
2. JP Charnay - *Essai général de stratégie* - Ed. Champs libres et *Critique de la stratégie* - L'Herne.

stratégie et le changement ont parties liées. Leur mission conjointe est bien de « remodeler » les choses, de faire en sorte qu'elles aient une autre forme et que ce nouveau modelage apporte un plus ou un mieux.

La « formule » du changement

La stratégie va donc se présenter comme **l'agent organisateur du changement**, lequel prend naturellement en compte d'autres agents et facteurs selon la formule suivante :

$$\text{Performance du changement} = \frac{\text{efficacité ou flux organisé de forces pertinentes}}{\text{engluement ou contre flux}}$$

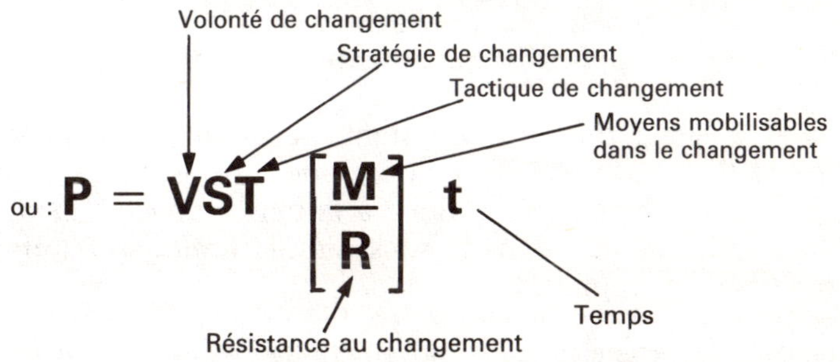

La **Performance** résulte de l'optimisation du changement selon le double point de vue de l'efficacité et de l'engluement.

L'efficacité définit la capacité d'un décideur d'obtenir un « effet » matériel ou immatériel, posé en préalable. Cette capacité d'atteindre les buts du changement est appréciée par le produit de quatre facteurs, la volonté de changement du management, la stratégie employée pour conduire le changement, la tactique qui se rapporte à l'application de la stratégie sur le terrain, ces trois facteurs intervenant sur le quatrième : les moyens,... pouvoirs, atouts, micro ou macroforces, mobilisables à un instant donné dans le changement.

L'efficacité se rapporte toujours à une **cible** bien déterminée : améliorer la productivité, faciliter le changement de méthodes de travail, réduire l'absentéisme, profiter de l'arrivée d'un nouveau directeur pour modifier le style de management. Nous conviendrons dans cet ouvrage que la cible est définie convenablement au moyen des outils classiques d'aide à la décision : étude de bilan, analyse stratégique, études de structures, management global, sociodynamique, etc.

Cette cible est à situer impérativement dans un champ, donné comme « un espace géographique délimité » : l'entreprise, une grande fonction, un établissement, un département, une équipe de vendeurs...

Rappelons que pour apprécier la performance d'une stratégie, cette efficacité devra être mise en rapport avec sa faisabilité, ou plutôt son contraire : l'engluement (facteur R).

La Volonté de changement définit l'énergie primordiale et majeure, manifestée par le conducteur du changement, que celui-ci soit un directeur général, un chef d'atelier ou une équipe de direction. **Cette volonté est endogène, autogénérée par le décideur lui-même, sans grands liens avec les autres facteurs de stratégie, de moyens et de faisabilité.** Elle est l'action pure, finalisée, c'est-à-dire arc-boutée sur le but du changement, faute de quoi la volonté ne serait que rêverie. Elle est quasiment intransmissible d'un décideur à un autre, ce qui la rend unique en son genre, sui generis, moteur particulier et irremplaçable du changement.

Nous verrons plus loin quelles sont, malgré tout, ses propres limites.

La Stratégie définit le « comment spéculatif » du changement, c'est-à-dire l'ensemble des réflexions et des dispositions concourant à l'efficacité « bon marché », donc à la performance. La stratégie est dite « spéculative » dans le sens où elle limite son ambition à bien maîtriser les rapports formels :

$$\frac{\text{gains}}{\text{coûts}}, \quad \frac{\text{chances}}{\text{risques}}, \quad \frac{\text{moyens}}{\text{difficultés}}, \quad \frac{\text{alliés}}{\text{adversaires}}, \quad \frac{\text{avantages}}{\text{inconvénients}},$$

... par une solution originale, mais tricotée dans l'abstrait d'une méditation d'état-major, hors de la mise en œuvre proprement dite sur le terrain ; ce sera la fonction de la tactique.

La stratégie emprunte trois modes de changement fondamentaux : l'imposition, la transaction, et l'animation, qui indiquent les trois grandes orientations possibles fondées sur le fait que le changement est décidé de façon plus ou moins unilatérale, négociée ou unanime.

Ces modes feront l'objet d'un développement dans le chapitre suivant.

La stratégie utilise concrètement un grand nombre de « logiciels stratégiques » qui sont autant de programmes différents, choisis à la carte, selon les besoins. Ils viennent illustrer et compléter les trois modes majeurs. Le chapitre VI leur sera consacré.

La stratégie imagine des scénarios ou parcours de changement et sélectionne celui ou ceux qui sont à la fois les plus efficaces et les moins coûteux. Le travail d'optimisation des principes d'utilité et d'économie d'une part et de réalité d'autre part sera traité dans le chapitre VII.

Enfin tous ces modes, logiciels et scénarios s'exercent plus ou moins sur des systèmes de fonctionnement, des structures, et une culture. Ainsi la stratégie de changement s'établit par degré du plus partiel au plus radical.

Nous reviendrons dans le cadre du chapitre VIII sur les degrés déjà évoqués : le réglage, la réforme, la restructuration, la refondation.

La Tactique présente un intérêt considérable bien qu'elle sorte des limites de cet ouvrage. Si la stratégie s'intéresse au « comment spéculatif », la tactique au contraire se consacre au « comment pratique ». C'est la tactique qui joue la partie pour de bon. La stratégie élabore loin des fureurs des combats, une victoire qui sera gagnée (ou perdue) sur les coteaux !

Depuis l'antiquité, la tactique est l'art du « placement » des hommes sur le terrain ; elle est restée l'art de la manœuvre en grandeur et en temps réels. Elle suppose des qualités de sensibilité et de présence physique aux événements, mais aussi d'adaptation rapide et de courage qui confèrent autant de gloire aux capitaines qu'aux généraux.

Les qualités « chaudes » des premiers prolongent et complètent celles plus « froides » des seconds.

La Volonté, la Stratégie et la Tactique combinées avant et pendant l'action forment une sorte « d'art du changement » qui va s'exercer sur le rapport :

$$\frac{\text{M}}{\text{R}} \text{ ou } \frac{\text{Moyens mobilisables}}{\text{Résistance au changement}} \text{ ou } \frac{\text{Microforces pertinentes}}{\text{Engluement}}$$

Les Moyens ou pouvoirs sont les atouts du changement, forces matérielles ou immatérielles, dont la stratégie va tirer l'énergie positive supplémentaire pour le conduire ou l'accélérer. Ces microforces managériales, techniques, commerciales, culturelles sont à classer, à hiérarchiser, à sélectionner, à organiser en scénarios de changement plus ou moins pertinents.

Nous verrons au cours du chapitre VII que l'efficacité d'un parcours dépend non seulement de la pertinence des microforces mobilisées, mais aussi de leur « groupage » en macroforces influentes.

La Résistance au changement (ou engluement) présente ces mêmes microforces et d'autres qui sont ici considérées dans leur capacité à freiner le changement, par leur coût élevé, les délais qu'ils imposent, les difficultés pratiques qu'ils opposent.

Ce sont les « gluons » qui rendent le changement plus coûteux et qui contraignent la stratégie à se faire toujours plus habile pour les neutraliser, les contourner ou les récupérer. La faisabilité est inversement proportionnelle à l'engluement.

Enfin, le Temps

Le rapport **Moyens/Résistance** est amplifié par le facteur t, le temps, la durée, opérateur final qui rend le changement doublement tributaire des délais de mise en œuvre. D'abord parce que stratégiquement et économiquement il sert et obère à la fois les forces et les gluons, permet ou refuse le déploiement des uns et des autres. Dans les stratégies de jalonnement, sur une longue durée, **le temps se hisse au niveau d'une macroforce porteuse d'un changement extensif et lent, comme la montée irrésistible d'une marée d'équinoxe.** Les démarches d'amélioration de la qualité ont souvent adopté ce régime.

Dans les stratégies frontales, le temps tient lieu de « force de frappe », qui obtient son effet par la simultanéité et la brutalité des actions entreprises. Les campagnes de réduction des coûts relèvent plutôt de cette formule.

Ensuite parce que, sur le plan psychologique le temps ne pardonne pas ce qui se fait sans lui. Certains esprits prennent du temps à entrer dans le jeu. A l'inverse d'autres cherchent à être violentés. Ici le temps épouse le rythme de vie des hommes et rien ne sert de vouloir courir si l'attelage n'en peut mais.

De plus, le temps marque de son sceau tous les esprits. C'est par la répétition et l'enchaînement des actions et des réactions que s'effectue tout apprentissage ; mais c'est aussi par le choc d'un événement vécu comme une violence, que l'esprit prend conscience de la nécessité d'un changement.

Les déficiences du facteur « V »

Vous l'avez compris, la stratégie est impuissante si, en amont, la volonté du décideur est insuffisante. « La foi qui déplace les montagnes », « la passion de la victoire », « l'énergie du désespoir », sont autant d'expressions qui témoignent de l'existence d'une tension motrice au cœur de toute action. Tension intime ou pulsion issue des profondeurs, peu importe, cette force est une donnée qu'on retrouve chez tous les grands conducteurs de changement : Moïse, Alexandre, Luther, mais aussi, plus près de nous, H. Ford, Agnelli, Marcel Fournier, J.F. Lagardère, A. Trigano. Chacun de ces hommes a remodelé autrement l'environnement et apporté une réponse nouvelle aux défis de leur temps, bref, changé le jeu.

Le stratège du changement est alors enclin à se poser la grande question : « Pourquoi diable cette volonté si nécessaire vient-elle à manquer ? ». Pourquoi les conducteurs du changement sont-ils souvent si velléitaires ou pusillanimes ? Répondre à ces questions éclaire d'une façon singulière la tâche du stratège, lui évitant d'élaborer des scénarios sans soutien, l'encourageant au contraire à trouver des démarches susceptibles de faire changer... le décideur lui-même !

Pourquoi aucun des Premiers ministres français et ministres de l'Education Nationale n'ont-ils rien entrepris de sérieux pour changer notre système éducatif ? Pourquoi Louis XVI n'a t-il rien engagé d'utile pour faire évoluer le régime politique du pays ? Pourquoi le parti communiste d'URSS a-t-il mis tant de temps pour, en fin de compte, ne pas se rénover ? Pourquoi les dirigeants de Lip, de Manufrance, de la C.G.T., de F.O., de l'Éducation Nationale ont-ils tardé ou tergiversent encore à changer leur organisation, leur politique, leur style de management ?

Les réponses sont multiples et les causes se confortent mutuellement. Elles relèvent de plusieurs catégories, mais s'inspirent d'un principe unique : la velléité est un **manque, manque d'information et de capacité stratégique, manque réel ou supposé de moyens et surtout un manque d'assurance personnelle, donc de courage** capable de compenser les pertes de pouvoir issues du changement.

Commençons par ce premier point. Le décideur est ou se croit insuffisamment informé. Il craint de faire des choix inappropriés. Il dispose d'un éventail étroit de logiciels stratégiques et aucun d'entre-eux ne paraît susceptible de conduire le changement. Son imagination est insuffisante et le rend incapable d'élaborer des scénarios originaux plus performants. Il manque d'expérience et de vision pratique. Il mesure mal les risques d'échecs et les chances de succès. La situation vécue comme « unique » le déborde. La faisabilité le tyrannise. La logistique du changement lui paraît au-dessus de ses forces. Le doute technique le paralyse.

Les remèdes à ce type d'inhibition se ramènent à une formation stratégique de haut niveau (dont cet ouvrage donne un exemple de contenu) et à l'emploi de toutes les démarches modernes d'aide à la décision, notamment la méthode des scénarios et la simulation du changement en laboratoire.

Le manque d'information et de capacité stratégique est souvent renforcé par un deuxième manque, celui d'une sous-estimation des moyens disponibles assortie d'une majoration de l'engluement.

Ainsi le décideur se plaint du manque de soutien des autres responsables ou professionnels, de certaines catégories de personnel, des syndicats et des agents extérieurs : journalistes, préfet, partenaires commerciaux. Il se dit manquer de points d'appui. Il se prétend démuni de ressources financières. Il craint d'être à court de temps. Et ce temps lui manque, tant pour élaborer le scénario de changement que pour conduire le changement lui-même. Toute initiative arrive trop tard ou… trop tôt.

Ici le remède consiste à faire l'inventaire général des pouvoirs disponibles et mobilisables **dans** et **pour** le changement. **Or, il se trouve que ce « champ de pouvoirs » est aussi le flux orienté de microforces sur le diagramme dedans/dehors.** Le rôle de chaque pouvoir peut être apprécié selon qu'il enrichit plus ou moins le « sens » du dedans, et qu'il maîtrise plus ou moins la relation avec le dehors.

Avec un peu d'habitude il est possible de déterminer la capacité de ces pouvoirs à changer et à faire changer l'ensemble du réseau, et ce, au vu de leur disposition relative sur le diagramme.

Abordons le troisième « manque », le plus difficile à surmonter, qui relève cette fois d'une volonté défaillante et d'un naturel craintif. C'est le manque d'assurance personnelle.

Le doute stratégique est souvent l'effet d'un doute plus profond qui agit en sous-œuvre et sape la conduite du changement. Ce doute-là siège au cœur du décideur lui-même et caractérise un manque de Volonté endogène : c'est le facteur V du changement évoqué plus haut.

Le facteur V joue dans la formule du changement un rôle de coefficient multiplicateur, et sera repris plus loin pour l'évaluation de la performance du changement.

Le niveau $V = 1$ suffit à administrer le fonctionnement quotidien de l'entreprise, à gérer correctement les affaires ordinaires mais sans apporter aucune valeur ajoutée ou retranchée. Le facteur $V = 1$ convient au changement par réglage.

La conduite de tout changement plus important (telle que la réforme, la rénovation et a fortiori la refondation) exige un facteur $V > 1$, par exemple 1,3 ou 1,5. Il s'agit bien d'apprécier la faculté du décideur et de la hiérarchie d'impulser le changement et de le conduire jusqu'à son terme.

Celui-ci est considéré, cette fois, comme une affaire extraordinaire. Les engluements sont surmontés, les faiblesses stratégiques sont dépassées. Le manque de moyens est partiellement résolu.

A l'inverse, la cause la plus profonde du non-changement tient au fait que le facteur $V < 1$, par exemple 0,8 ou 0,6. Les décideurs manquent de courage personnel, de confiance collective, d'énergie entrepreneuriale. Timorés, ils ne surmontent pas les obstacles, mais les amplifient. Ils diffèrent les bonnes décisions. Ils communiquent sans ardeur. Non seulement il ne portent pas la réussite, mais ils affadissent l'espérance.

Face aux gagneurs qui « positivent », eux « négativent ». Ou bien ils s'intéressent d'une façon tatillonne aux séquences de l'action, ou bien ils laissent aller. Dans le premier cas, ils cherchent à faire croire qu'ils agissent sur le changement, dans le second à faire comprendre qu'ils n'y croient plus.

Cette attitude a évidemment plusieurs explications : lâcheté foncière, fatigue, lassitude conjonctuelle, mais aussi prise de conscience d'une incompétence professionnelle.

D'une manière plus calculée, la faiblesse du facteur V peut cacher un refus objectif du changement. Sans le dire ni se l'avouer, le décideur craint que le changement ne perturbe à son détriment un équilibre de pouvoirs. Saura-t-il maîtriser la nouvelle redistribution des influences provoquées par une réforme ou une rénovation ? Pourra-t-il résister à un changement encore plus profond ou plus large qui le déposséderait tout à fait ? N'étant pas sûr de l'issue, il sabote le parcours. Il espère ainsi on ne sait quel événement capable de le rassurer ou de l'assurer.

Il s'agit bien en effet d'un manque d'assurance « existentielle », comme il est dit dans les livres savants, c'est-à-dire touchant à l'incapacité d'exister.

Il n'y a guère de remède à cela, si ce n'est **« oser ! »** et se préparer à oser au moyen d'un affermissement du caractère obtenu par et dans l'action elle-même, par et grâce à la provocation due à la violence du monde.

Coup d'œil sur quelques cas *(suite)*

5. Les facteurs de réussite

Ils sont à classer en quatre catégories :

a. Etendre le professionnalisme du management au changement lui-même

Finis les temps où le changement était traité empiriquement, au coup par coup, ou au contraire abordé comme une sorte de révolution traumatisante. Pour réussir, le changement nécessite de :

- *se donner du recul et prendre appui sur une bonne préparation technique et sociale,*
- *objectiver la situation de crise afin de la délimiter dans ses conséquences et dans sa durée ; de ce fait reconstituer un nouveau système de repères susceptibles de maintenir la confiance,*
- *se fixer des objectifs clairs et compris par tous, notamment de l'encadrement, les définir par écrit, les quantifier si possible et les faire partager ; les soutenir avec détermination ; préciser les règles du jeu,*
- *se donner du temps ; jouer sur le long terme ; jalonner l'espace/temps au moyen d'événements pertinents bien connectés entre eux,*
- *soigner la cohérence des actions entre les opérations centrales et locales,*
- *bien organiser la démarche de changement : choix des hommes, des moyens et des stratégies ; soigner l'enchaînement des séquences ; accompagner le mouvement du début jusqu'à la fin.*

b. Faire confiance et impliquer les hommes de terrain

Peu de réussite spectaculaire à attendre d'un changement imposé par une direction coupée de sa base, notamment de l'encadrement :

- *avoir une bonne écoute des attentes sociales et des avis techniques des agents d'exécution ; être en état de « veille » des expériences internes et externes*
- *accroître le champ de vision des collaborateurs,*
- *laisser chacun assurer ses responsabilités de la crise aux niveaux N - 1 ou N - 2,*
- *négocier les ressources mobilisables à partir d'un plan d'action,*
- *faire participer le plus grand nombre à la recherche de solutions concrètes et à la mise en œuvre du changement,*
- *gratifier les agents ayant contribué aux succès.*

c. Miser sur l'affectivité

L'intelligence n'est pas tout. Rien de grand ne s'accomplit sans passion :

- *faire du changement un défi à relever ensemble,*
- *exagérer au besoin l'impact de la pression venant du dehors,*
- *obtenir que chacun, dans sa liberté, s'approprie tel ou tel élément du changement, non seulement avec la « tête », mais avec le « cœur »,*
- *ne pas craindre dans certaines occasions, de tenir un discours « patriotique ».*

Il ressort de ces trois premiers points que le changement est une œuvre collective, dont l'initiative appartient sans conteste à la direction, mais dont le succès effectif dépend pour une large part de la manière de mobiliser l'encadrement et les agents d'exécution. Insufflé par le « haut », le changement devient réalité, dès lors qu'il est discuté, traduit, mis en forme, concrétisé par le « bas ».

d. Enfin, profiter d'une opportunité interne ou externe

La justification d'un changement est décuplée par le bon usage qui est fait d'un événement fortuit ou provoqué :

- *interne : nouvelle équipe de direction, renouvellement du parc de machines, mise en place d'un système informatique plus performant, transfert de l'usine dans une zone industrielle…*
- *externe : nouvelles technologies, nouveaux marchés, nouvelles perspectives politiques ; nouveaux règlements fiscaux ou douaniers.*

Le dehors, toujours le dehors comme levier, voire comme prétexte pour changer le dedans !

Chapitre 5

LES TROIS MODES DE CHANGEMENT

Une logique de changement

Évitons de croire que le changement est purement empirique. A observer les changements permanents ou brutaux opérés dans les organisations sociales, on serait tenté de ne voir là que des réactions perpétuellement circonstancielles, usant de tout bois pour abattre les citadelles conservatrices.

N'existe-t-il pas une logique du changement, ou du moins une approche raisonnable permettant de saisir tous les changements selon un petit nombre de paramètres ou de lois ?

Une réponse consiste à lier étroitement la conduite du changement à la cause fondamentale qui l'inspire : **la décision**.

Toute décision est détermination d'une suite d'actes. Il n'est pas abusif de parler d'un « impérialisme de la décision », si l'on veut bien considérer celle-ci comme un acte engageant l'espace et le temps, le présent et l'avenir. Et l'avenir est constitué lui-même d'actes multiples et variés prenant la forme de comportements, d'attitudes, de sens donné aux choses, de luttes de pouvoir. A son tour, tout acte détermine d'autres actes et d'autres décisions et ainsi de suite.

Placer ainsi la décision au cœur même de l'activité de l'entreprise, c'est lui reconnaître la fonction banale de tout acte, **mais élevée à la puissance dix** : celle de générer le mouvement.

Et, de tous les mouvements, le changement est justement celui qui exige le plus de détermination. C'est toujours un moment fondateur.

Bien entendu, en droit pur, la décision est celle du patron lui-même. D'autre part un mode de décision peut en cacher un autre. Le patron peut afficher une attitude autoritaire destinée à impressionner ses adversaires alors qu'il s'efforce par ailleurs d'obtenir de ses alliés une adhésion forte sur ce projet ou sur un autre. Il peut jouer la carte du consensus ou de la négociation parce qu'il se sent incapable ou impuissant à imposer le changement. Il peut feindre d'engager une procédure semi-démocratique de transaction alors que sa décision est déjà scellée. De toute façon, il est clair que les changements matériels et immatériels, de structure, de système ou de culture sont tributaires de la participation active ou passive des hommes. Il est également évident que les hommes contribuent au changement avec plus ou moins de bonne volonté, d'intelligence et d'esprit d'innovation, selon la façon dont leur participation est requise. Enfin, il est sûr que le mode de décision crée un univers semi-fermé au sein duquel se décident en aval les attitudes des acteurs, leur rapport de pouvoir, le sens qu'ils donnent au travail et à la vie sociale.

Le mode de décision n'est pas neutre. Il est générateur indirect du type de relation dominant entre les acteurs. **Il est organisateur involontaire du changement par le système d'ordre qu'il impose, marchande ou suscite, système qui s'anime dès lors d'une vie propre et s'interpose de lui-même entre la décision et l'exécution.**

Les propos précédents aboutissent à esquisser une logique du changement : les sens donnés au changement se ramènent à trois seulement, parce qu'ils découlent naturellement des trois seuls modes de décision possibles :

- **la décision unilatérale** qui impose un changement ressenti par les exécutants comme directif, voire autoritaire ; ce mode de changement est dit « d'imposition »,
- **la décision négociée** qui conduit un changement ressenti par les exécutants comme leur laissant des marges de marchandage et de manœuvre ; ce mode porte le nom de « transaction »,
- **la décision unanime** (ou pseudo-unanime) qui inspire un changement ressenti par les exécutants comme collectif ou consensuel ; ce mode s'appelle « l'animation », pris dans le sens fort de « donner la vie sociale ».

Au passage, vous remarquerez que les modes de décision et de changement ne se définissent pas par rapport à l'intention du décideur, mais du « vécu » des agents subalternes du changement. C'est-à-dire que **la forme** donnée aux procédures de décision et à tous les actes périphériques importe tout autant, si ce n'est plus, que la décision elle-même.

Le changement par imposition

Exemple 1 :

Dans une usine de fabrication de produits alimentaires, il s'agit de mettre en œuvre de nouvelles méthodes de fabrication à l'occasion du lancement d'une « variante familiale » d'un produit phare. Ces nouvelles méthodes impliquent des investissements techniques (travaux neufs, installation de matériel nouveau, mise au point de procédures...), mais aussi des engagements sociaux (information, formation, nouvelles définitions de postes de travail, effet sur les salaires...).

Dans ce cas, vous imaginez aisément la place tenue par l'initiative du directeur de l'usine : elle est solitaire, primordiale, et pourrait-on dire, impérialiste.

A la limite, ce changement est l'œuvre d'un seul homme qui définit les objectifs, les voies et les moyens. Il est lui-même le stratège qui prépare la décision, le politique qui fait les choix et le tacticien qui pilote les changements sur le terrain.

Il détermine les séquences de l'action, désigne les chefs de l'exécution, alloue les moyens, établit les procédures de contrôle.

Ici le changement fonctionne comme une mécanique qui tire son mouvement de la force transmise, depuis le ressort initial, jusqu'au moindre rouage. Il y a sans doute déperdition d'énergie au fil de la transmission, mais la direction du mouvement reste la bonne. Pas de déviation.

Les maîtres-mots du conducteur de changement pourraient être : « Je connais le bon chemin, j'affirme, je veux convaincre et s'il le faut je passe en force, je détermine les degrés de liberté de mes collaborateurs et des exécutants, je contrôle, je sanctionne les résultats ».

Il est clair que le décideur doit disposer pour lui-même de toutes les qualités qu'il n'attend pas des autres : un bon traitement de l'information stratégique, un esprit de décision assorti d'un bon jugement, une grande fermeté, du courage, une forte insensibilité aux critiques et dans le domaine de la communication une clarté éblouissante sur les objectifs.

Voilà bien un mode de changement qui convient pour les situations présentant un danger immédiat et touchant à des principes fondamentaux.

Il conforte les indécis et fait basculer les hésitants. Il impressionne les récalcitrants et les contraint à la soumission. Il est le garant de la règle, de la justice, de la continuité.

Cela dit, les méthodes de l'imposition apportent avec elles des inconvénients et des risques qui limitent son emploi :

– tarir toutes les initiatives des collaborateurs et des exécutants, geler toutes les critiques sérieuses et les mises en garde, freiner toute auto-motricité de la part des agents subalternes du changement
– négliger les risques d'échecs : les rapports

$$\frac{\text{gains}}{\text{coûts}}, \frac{\text{moyens}}{\text{difficultés}}, \frac{\text{microforces}}{\text{gluons}},$$

n'étant pas débattus avec les autres acteurs du changement en cas d'échec, les coûts sont élevés.
– radicaliser la position des adversaires du changement et les liguer contre le décideur.

La caractéristique principale de l'imposition tient au fait que la relation entre le décideur et les agents est un rapport de **sujet à objet**. Les membres de l'équipe de direction, les chefs de service et d'atelier, les techniciens et les ouvriers ne sont pas considérés comme des « acteurs », mais comme les rouages du changement. Les agents-objets sont sans doute ménagés comme peut l'être un outil perfectionné auquel on tient beaucoup, mais sans plus.

Or la dialectique Sujet A → Objets B, C, D, ... s'avère incapable d'engendrer une énergie nouvelle. Toute la force du mouvement vient de A ; et cette force devra nécessairement se dégrader dans sa transmission aux agents B, C, D.

Cette caractéristique limite donc l'imposition à des changements physiques de faible ou de moyenne portée : déplacements matériels et transformations par réglages ou réformes techniques, à la condition que ne soit pas exigée des agents une contribution intellectuelle et affective poussée, autrement dit, qu'il ne leur soit pas demandé d'être des acteurs. Sauf, bien sûr, dans certaines situations courtes et tragiques qui requièrent « une obéissance sans hésitation ni murmure ». L'état de décomposition avancée de l'Empire ottoman a nécessité l'intervention musclée de Mustapha Kémal, laquelle était acceptée implicitement par certains des exécutants. Il n'est pas sûr que le changement radical voulu par M. Gorbatchev sur les décombres de l'empire soviétique ait gagné beaucoup à emprunter les voies temporisatrices du deuxième mode.

Mais hors des cas extrêmes, l'imposition échoue souvent à être employée pour des changements nécessitant une plus grande participation rationnelle et morale des... acteurs.

Le changement par transaction

Exemple 2 :

Chez un concessionnaire d'une firme automobile, il s'agit d'améliorer l'action commerciale par une nouvelle distribution géographique et sociologique des secteurs confiés aux vendeurs. Cette redistribution jugée plus équitable et plus rationnelle sera complétée par un système d'intéressement plus motivant.

Ce changement peut résulter d'une sorte de négociation équilibrée entre les pouvoirs et les intérêts du concessionnaire et ceux des V.R.P., démarcheurs de clientèle. La conduite du changement découlera d'une **transaction** entre deux groupes d'acteurs marchandant leurs revendications mutuelles. Le terme de cette négociation tiendra lieu de décision pour la suite du changement.

Ici l'urgence n'est pas le facteur dominant. Les moyens de l'imposition seraient impropres à dégager les libertés dont les vendeurs ont besoin pour se réinvestir dans la nouvelle organisation. Le concessionnaire cherche à améliorer la performance de ses démarcheurs, pas à les réifier. Le changement porte certes sur des structures et des sytèmes, mais à la condition qu'ils soient acceptés par la raison et renforcés par l'intérêt.

La transaction est justement le mode qui joue sur le fait que les acteurs du changement sont des calculateurs. Ils pèsent le pour et le contre, ils apprécient correctement le rapport **gains/coûts**, et s'inspirant du principe d'utilité maximum, ils trouvent, par la négociation, le chemin de leur inclination. Le deuxième mode cultive l'intérêt des acteurs pour le changement.

La relation s'effectue entre un Sujet A et des **partenaires** B, C, D. La dialectique A/B, C, D relève de la « dialectique de sujets » relativement indépendants les uns par rapport aux autres et traitant quasiment de pair à égal.

Point de décision unilatérale. Il doit être clair que la décision résultera, en principe du moins, d'un vaste marchandage entre les pouvoirs et les attitudes synergiques et antagonistes des uns et des autres. Et dans ce jeu d'équilibre, c'est généralement le décideur qui a le plus de pouvoir, mais il aurait tort de trop le montrer.

Le décideur semble dire : « Je suis à l'écoute des attentes de mes collaborateurs, je crée des relations d'intérêt mutuel, je suscite un réseau d'alliance, je cherche un point d'entente médian, et pour cela... éventuellement je diffère, je biaise, je coupe la poire en deux, je peux renoncer à une partie de mes objectifs de changement ».

Il va sans dire que le décideur doit posséder de grandes qualités de souplesse, de diplomatie, de pragmatisme et de réalisme. Il doit savoir profiter habilement des opportunités. Les moyens privilégiés utilisés par le deuxième mode sont les débats ouverts, dans des groupes de travail spécialisés, à la recherche d'un compromis.

Ce mode de changement est approprié aux situations longues et complexes, exigeant l'intervention contradictoire de nombreux experts, eux-mêmes disposant de pouvoirs à peu près équivalents. Pas de changement par transaction notamment, si l'écart de compétence et d'information est trop élevé entre le décideur et les exécutants.

La transaction optimise le rapport gains/coûts pour tous les acteurs, favorise les échanges, renforce les alliances, ouvre des espaces de dialogue et d'initiatives, et permet au décideur, le cas échéant, de se « raccrocher aux branches ». Elle amortit les chocs et les chutes.

Mais bien évidemment le deuxième mode tire son train d'inconvénients et de périls. Il peut apparaître mou et peu fiable, fragilisant ainsi l'engagement des indécis. Il crée un climat turbulent, source de désordre. Il consomme beaucoup de temps... et de papier. Chemin faisant les objectifs de départ peuvent être modifiés ou trahis.

Les grandes réformes et restructurations, faisant intervenir le poids matériel des choses et l'intelligence des hommes, épousent nécessairement les voies du deuxième mode.

C'est le cas de la longue transformation interne dont la C.E.E. est et sera l'objet. « Faire l'Europe » est une opération hors de portée des règlements de l'imposition et des ardeurs de l'animation.

Observez les manières du management japonais : pour changer durablement une structure, il n'hésite pas à engager au sein de l'entreprise, des mois de débats multiples et variés afin de parvenir peu à peu à une sorte de prise de conscience simultanée des données du problème et des solutions possibles. Chaque acteur ajuste ses positions en tenant compte de celles des autres. Les principes raisonnables de la logique classique l'emportent. La décision finale devient une pure formalité. L'exécution va de soi.

Le changement par animation

Rappelons que le mot « animation » vient du latin « anima » qui veut dire souffle, vie. L'animation est l'action de donner la vie (sociale), de créer un mouvement (de changement). Animer, c'est communiquer son ardeur, son enthousiasme. C'est impulser.

Exemple 3 :

Dans un Centre Régional Hospitalier, il s'agit :

1. d'obtenir une meilleure synergie des services techniques et médicaux autour de la personne du malade et non pas seulement de sa maladie.
2. d'accroître de ce fait l'appartenance à l'entité « hôpital » généralement considérée comme secondaire et plus gênante qu'utile.

Le changement 3 devrait être obtenu (toujours théoriquement) par une décision « unanime » ou consensuelle de tout le personnel qui **s'approprie** une même brochette de valeurs (par exemple : « le malade », « l'accueil », « le service ») et **s'engage** derrière un projet fédérateur d'hôpital (par exemple « Mieux servir la santé en Picardie ! »).

Nous sommes loin ici d'un changement par déplacement purement physique. L'intelligence a certes sa part, mais le véritable objectif relève moins des froids calculs de la transaction que de la libre adhésion des acteurs aux « valeurs » de l'hôpital et de leur engagement dans un projet transcendant.

Le changement est censé résulter d'une acclamation unanime plus affective qu'exclusivement rationnelle. Le décideur joue ici le rôle de **fédérateur** ou mieux de **catalyseur** des énergies disponibles. Il est plus guide que chef. S'il devait penser tout haut, il dirait : « J'ouvre le chemin, je promeus des valeurs universelles, je m'engage à fond dans un projet commun, je fédère les énergies ».

Pour dire cela, il faut une forte dose d'enthousiasme personnel, d'optimisme, de confiance dans les hommes, de goût de l'effort, d'esprit d'équipe, assortie d'un souci de cohérence.

A l'évidence, voici un mode de changement qui convient aux groupes dans lesquels la confiance est réciproque, et s'il s'agit de relever ensemble des défis impossibles. Il crée un climat chaleureux, gai, enthousiaste. Il développe un fort sentiment d'appartenance à l'entreprise. Il libère des énergies collectives considérables.

Cette forte énergie produite découle du type de relations établi entre le décideur et ses collaborateurs considérés cette fois non comme des objets ou des partenaires, mais comme des **compagnons engagés**, voire complices.

Or les compagnons sont « d'autres soi-même », semblables à soi par leur forte implication sur les mêmes valeurs professionnelles et sociales et le même projet fédérateur.

Le décideur-sujet traite avec les compagnons-sujets, répliques de lui-même pour l'essentiel. La relation peut se traduire ainsi : Sujet A → Sujet A bis, A ter et aboutir à une sorte de « Sujet A au carré » porteur de toutes les énergies et capable de tous les changements.

Cet avantage porte en lui-même ses revers et ils sont nombreux : oublier ses intérêts propres dans un changement plus bénéfique pour l'institution de l'entreprise que pour le corps social (donc piéger ou se faire piéger par l'impérialisme de certaines valeurs), s'engager dans certains excès, afficher une attitude hostile vis-à-vis des déviants et des réfractaires, négliger les difficultés pratiques de mise en œuvre et les exigences de la durée.

Dans la foulée de J. Attali[1] on peut dire que ce troisième et dernier mode agit plus par la séduction des idées que par la force du pouvoir ou les jeux de l'échange.

Mais le gant du séducteur peut cacher une main de fer. Avec des bonheurs divers les grandes révolutions politiques ont toujours tenté de jouer sur ce double registre. Les discours de Moïse, de Mahomet, de Robespierre ou de Lénine sont de malheureuses tentatives d'animation « autoritaire ».

Nous devrions davantage nous inspirer des méthodes utilisées par Jésus, Saint François d'Assise, ou Gandhi... lesquels, comme chacun sait, ont réussi mais furent sacrifiés par les changements structurels et culturels qu'ils avaient eux-mêmes provoqués.

Le style du changement

Allons-nous limiter les changements à ces trois modes fondamentaux, sans tenir compte de l'inextricable variété des situations rencontrées ?

Qui nous fera croire que les changements opérés par Mme Thatcher, MM. Mitterrand et Gorbatchev, ou ceux engagés par J.-L. Beffa pour la Compagnie Saint-Gobain, par F. Mer pour Usinor-Sacilor, J.-R. Fourtou pour Rhône-Poulenc, J.-L. Besse et R. Lévy pour la Régie Renault, etc., peuvent prendre place clairement dans l'une de ces trois catégories ?

Le fait est que tous ces changements s'inspirent plus ou moins de tous les modes, ou bien par nécessité opérationnelle, ou bien pour corriger les inconvénients d'un mode par les avantages d'un autre.

Quand J.-R. Fourtou impose à son groupe chimique, en quelques années, l'absorption de dizaines d'entreprises nouvelles

1. J. Attali, *Les trois mondes*, Livre de poche.

et supprime des milliers d'emplois, il joue dans le même temps sur le registre de l'animation au moyen d'une stratégie « d'unités d'appartenance » sortes de P.M.E. emboîtées dans Rhône Poulenc.

Quand S. Kampf, Président de Cap-Gémini-Sogeti, donne à son groupe une stature internationale, il renforce les procédures de gestion et développe le système de valeurs collectif.

Quand Ibn Séoud fonde l'Arabie moderne, il se fait transactionnel avec ses partenaires internationaux, dur contre ses adversaires, mais s'emploie à exercer son changement radical sur fond de Coran. Le ressort de la restructuration entreprise tient peut-être au soutien qu'il obtint sur le terrain même de la part des « ikwan », confréries de soldats-agriculteurs avec lesquelles il négocia une sorte de retour à la terre.

Dans la pratique aucun mode n'est employé à l'état pur, à l'exception de l'imposition, dans les rares cas qui la justifie et ce, avec des résultats de moins en moins durables.

Nous appellerons « style de changement » la combinaison ou le mixage des trois modes tel qu'il est ressenti par les agents du changement, « objets », « partenaires » ou « compagnons ».

Par goût de la simplification ce mixage peut être représenté par une sorte de pourcentage, ramené non pas à 100 mais à 9. Par exemple 4.4.1., 7.2.0., 3.3.3., 2.3.4. Tous ces nombres sont composés de chiffres dont le total est égal à 9, signifiant ainsi que ces styles font le plein de trois modes.

Le premier chiffre indique évidemment le poids et la qualité du 1er mode utilisé dans le changement. Il en va de même pour le deuxième et le troisième chiffre en regard de la transaction et de l'animation.

Ainsi le changement opéré par J. Calvet pour le redressement d'Automobiles Peugeot peut être codé : 7.0.2. Comprenez ici que les lenteurs et turbulences de la transaction ont été sacrifiées aux rigueurs de l'imposition et plus modérément aux valeurs de survie, de réduction des coûts et de qualité.

A l'inverse le roi Juan Carlos et ses Premiers ministres ont investi dans le changement de régime espagnol un style plus souple et plus consensuel. On peut l'évaluer à 2.4.3.

Après avoir décidé de la cible à atteindre, il reste à opter pour le style du changement le plus approprié. Ce choix-là, préparé par le stratège, est aussi l'affaire du niveau politique le plus élevé : généralement le directeur général[2].

---

2. Les catégories proposées dans ce chapitre, modes et styles, sont inspirées de « la sociodynamique des organisations », discipline créée par Bossard Consultants. Cette discipline, qui se propose « d'optimiser les relations de groupe », est plus largement développée dans *La stratégie de vos relations*, J.-C. Fauvet et C. Guignot, Inter Éditions et *La sociodynamique, un art de gouverner*, J.-C. Fauvet et X. Stefani, Les Éditions d'Organisation.

Chapitre 6

LES STRATÉGIES DE CHANGEMENT

Les logiciels stratégiques

Nous avons vu pourquoi les modes de changement sont réduits à trois seulement. Ils couvrent cependant tout le champ du changement. Ils sont comme des flux magnétiques souterrains qui agissent tour à tour ou concurremment sur les microforces ou leviers du changement. Ils présupposent des types d'action mais n'en disent rien. Ils sont plus politiques que stratégiques ou pratiques et, à ce titre, ils indiquent le **sens** du changement, pas sa forme. Il leur manque une existence concrète. Pour que le changement prenne forme, les modes doivent s'affirmer dans un registre opérationnel.

Ici tout bascule. L'orientation devient démarche. La visée politique se fait choix stratégique. Mais surtout, **les trois modes de changement se réalisent dans un grand nombre de scénarios-types, de stratégies-modèles, de programmes-exemples.** Tout changement s'inspire de ces « logiciels » définis comme des programmes d'actions, de procédés et de règles relatifs à la conduite d'un changement, et qui sont donnés à titre de modèles ou d'aide à l'action. Ils se présentent sous la forme d'un ensemble ordonné et formalisé d'opérations, de dispositifs et de techniques destinés à conduire le changement. Comme pour l'informatique les logiciels apportent un langage de programmation et un protocole d'exploitation. Mais chaque logiciel a son langage et son protocole.

C'est le nombre quasi infini des logiciels possibles qui permet aux conducteurs de changement de se référer à ceux qui conviennent le mieux. Et ce, pour une application rigoureuse ou libre, ou pour l'invention d'une stratégie originale plus adaptée au but poursuivi. Une fois expérimentée et formalisée, celle-ci deviendra à son tour une stratégie figée dans un logiciel et susceptible d'être utilisée telle ou avec des variantes, par un autre conducteur de changement. Dit autrement, le logiciel formalise en termes opérationnels une stratégie-type expérimentée.

C'est ainsi que se crée empiriquement une sorte de « strathèque », véritable vivier de démarches opérationnelles, bibliothèque de logiciels stratégiques dans laquelle il est possible de puiser à loisir. Dans l'état actuel de la démarche générale, la strathèque comprend un inventaire structuré de stratégies identifiées par des noms de code comme « stratégie de bord de damier », ou de « vide contrôlé ».

Le présent chapitre sera consacré à un examen de quelques unes d'entre elles.

Un inventaire structuré

Nous l'avons dit, cet inventaire comprend un grand nombre de stratégies déjà expérimentées et éprouvées. Par commodité nous avons retenu quatorze stratégies choisies pour leur exemplarité, et dans l'intention de couvrir le plus largement possible le champ de la méthode.

Ces stratégies sont toutes de même nature, mais ne se situent pas toutes au même niveau. Certaines abordent des problèmes de « grande stratégie », par exemple la stratégie de projet ou de 2/3 - 1/3 - d'autres ont un emploi plus restreint - par exemple, les stratégies de grandes oreilles ou frontale.

Chaque logiciel stratégique comprend :

- un résumé opérationnel d'entrée
- une définition
- un descriptif détaillé
- un ou plusieurs exemples
- une liste d'avantages et d'inconvénients
- des conditions de mise en œuvre
- une démarche et des outils pratiques.

Pour faire court, nous ne développerons pas systématiquement ce contenu, lors de chaque présentation. Quant à l'inventaire, il est structuré bien évidemment selon les deux axes de base de la sociodynamique :

- Le premier axe étant celui du changement opéré selon le 1er mode (stratégies d'autorité), le 2ème mode (stratégies de composition) et le 3ème mode (stratégies de motivation) donc vers toujours plus d'unanimité et de consensus.

LOGICIELS STRATÉGIQUES

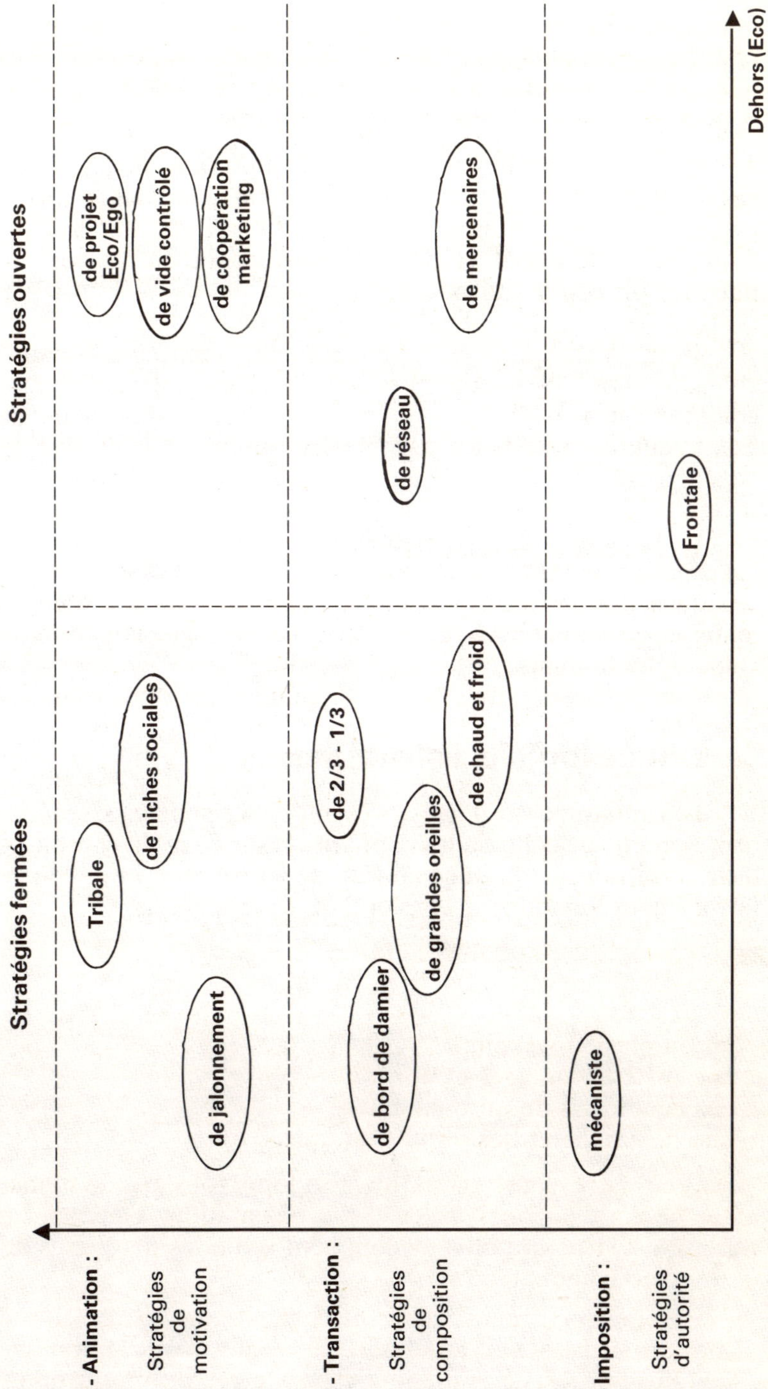

- Le second axe étant celui du changement obtenu en tenant compte ou en maîtrisant de mieux en mieux la provocation venue du dehors (tendance ECO), ce qui donne lieu à des stratégies plus ou moins « ouvertes » ou « fermées ».

Il n'est pas inutile de rappeler, en effet, que dans la plupart des cas le changement ne se justifie et n'est commandé que par la pression socio-économique du dehors sur le dedans. Puisque l'entreprise ne survit et ne se développe qu'en rapport avec le marché, on comprend pourquoi celui-ci est la cause première du changement.

Il est vrai que, sa survie assurée, l'entreprise peut aussi changer pour des raisons internes touchant à l'amélioration des conditions de travail et au bonheur des salariés. Mais même dans ce cas, le dehors reste la cause première, ou mieux la cause finale du changement car « seule une bonne économie autorise un bon social ».

Le tableau de la page précédente présente une vue synoptique (et réduite) de l'inventaire. Vous y découvrirez sans doute que ces stratégies ont un fort aspect social : **c'est que tous les changements, matériels et immatériels, empruntent un passage obligé : la (bonne) volonté des hommes.**

Quelques logiciels stratégiques[1]

Les quatorze stratégies présentées ici sont classées dans un ordre proche de celui de leur apparition sur l'axe du consensus. Cet ordre arbitraire ne préjuge en rien de leur intérêt et de leur valeur intrinsèque, lors de leur emploi dans un cas précis.

1. Par commodité nous emploierons le mot « stratégie » pour désigner une stratégie ramenée à son logiciel.

STRATÉGIE MÉCANISTE

Stratégie fermée d'autorité : 1er mode dominant

- Nature des changements : systèmes et structures
- Population concernée : celle qui est psychologiquement prête à s'y soumettre volontiers
- Faisabilité : facile en cas de crise
- Niveaux de changement : réglage et réforme

Caractéristiques :

Établir ou ramener la stabilité, la rigueur et la cohérence technique au sein d'une organisation qui en serait démunie par excès d'ouverture vers le dehors ou de clôture sur le dedans.

Pour toute organisation, l'ordre est une propriété cardinale, qui tient à la nécessité d'unifier dans une même voie les forces variées dont elle est composée.

Trop d'ouverture individualisée sur le dehors (l'environnement socio-économique, la technologie, les marchés) conduit à la dissolution du dedans dans le dehors selon le principe : « Le pot percé ne sera jamais plein ».

Trop de fermeture sociale sur le dedans (l'identité, les valeurs, la sociabilité) conduit à une rigidité culturelle d'un dedans jamais remis en cause par le dehors, selon le principe : « Le Parti a toujours raison ».

Trop d'ouverture et de fermeture est certes générateur d'un ordre complexe, riche de potentialités, mais toujours fragile. De plus, pour être maintenue en état, cette structure holomorphe exige un investissement considérable dont l'ampleur n'est pas toujours justifiée.

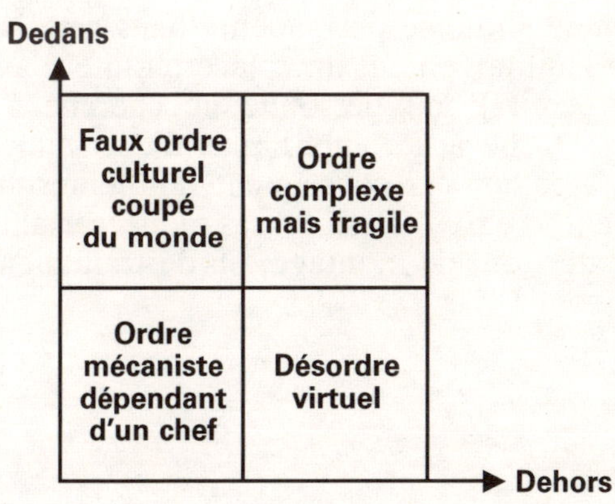

A l'inverse, peu de « dehors » et peu de « dedans » créent une structure autistique, imperturbable aux pressions externes et aux pulsions culturelles internes. Une structure sans vie propre. Une administration conçue pour administrer. Mais justement, cette mécanique « tout en rouages » peut rendre des services inestimables, si elle est pilotée par un responsable compétent, ou à la rigueur, si elle peut tirer de son passé des méthodes et des procès toujours actuels.

Ces « services inestimables » sont ceux que les autres champs de l'entreprise ne sont pas capables de rendre à bon compte : **l'ordre** et ses sous-produits, **la stabilité** administrative, **la rigueur** professionnelle, **la cohérence** opérationnelle. Ces propriétés sont nécessaires, pour certains secteurs de l'entreprise, comme la comptabilité, la production en série, le traitement en masse de l'information.

La stratégie mécaniste se ramène donc à changer une organisation en une autre conçue pour être commandée, selon les méthodes du premier mode. Ne voyons pas trop vite dans cette stratégie un retour en force du taylorisme. Reconnaissons-lui plutôt la dignité d'une stratégie de base, assurant l'ordre minimal partout où celui-ci est nécessaire et insuffisamment défendu par les autres champs : ici, ce sera sous la forme de procédures de productivité mises en place et contrôlées avec autorité ; là ce sera au moyen d'un statut du personnel défendu avec opiniâtreté, ou d'un système informatique centralisé, ou encore, par le biais d'une valeur comme « le respect des délais », règle qui ne supporte aucune dérogation. L'ordre ainsi conçu peut être (du moins au début) de pure forme, vide de sens pour la plupart des salariés, plus contraints à obéir que poussés à adhérer.

Cette stratégie peut ne pas être conduite indéfiniment : progressivement elle peut laisser la place à des stratégies plus participatives, par exemple la stratégie du vide contrôlé. Mais elle se justifie, comme stratégie permanente dans certains secteurs de l'entreprise où l'initiative tient une place réduite (pas de réactivité nécessaire au dehors), où personne ne cherche à s'approprier effectivement la tâche à accomplir (pas d'engagement nécessaire dans le dedans) et où, par conséquent, l'holomorphisme est une idée doublement creuse. C'est le cas pour certains ateliers ou services de production, de montage, ou de traitements d'informations en série.

Exemple :

Une bonneterie offre, à l'analyse, le profil d'autonomie suivant :

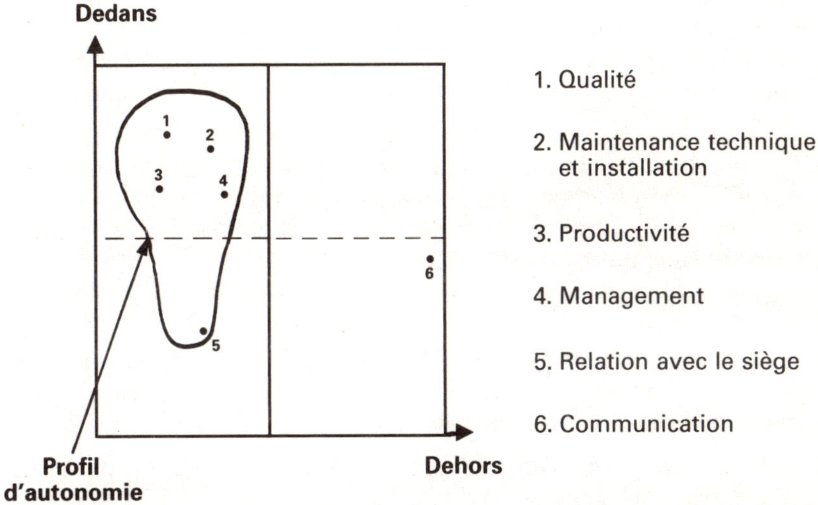

La plupart des microforces (1 - 2 - 3 - 4) relèvent du champ tribal : forte affectivité déconnectée de la réalité externe. Vous remarquerez que les relations avec le siège sont administratives et que la communication est paradoxalement très ouverte sur l'extérieur. Il en ressort que l'économie de l'usine est déplorable : machines mal entretenues, pertes de productivité et de matières premières, management trop coulant, procédures non respectées, etc.

Avant de se lancer, ultérieurement, dans des opérations plus participatives, l'usine doit être reprise en main par un nouveau directeur moins « chef de tribu » et plus directif. Celui-ci applique un premier mode dominant, imposant à la qualité, à la maintenance technique et à la productivité, des procédures administratives rigoureuses. Ceci dans le but de constituer un « socle » ferme composé de microforces mécanistes, « sans état d'âme », sans combativité individuelle, sur quoi rebâtir la production. Une structure conçue pour produire. C'est tout.

Avantages

- Maintenir, au besoin par les moyens contraignants du premier mode, les structures, les méthodes, les pratiques, les valeurs jugées essentielles pour la survie de l'organisation. Faillir sur ces points serait périr.

- Rassurer dans l'entreprise ceux qui ont besoin de prendre appui sur « le mât du chapiteau », centre porteur et stable de la vie professionnelle et sociale, sans référence au marché ou à de prétendues « valeurs maison ». Pour eux, le travail dans l'entreprise est une nécessité alimentaire ou de camaraderie. Rien de plus, rien de moins. Pas d'engagement personnel vers le dehors, ni collectif pour le dedans. La stratégie mécaniste répond par conséquent aux besoins profonds des invididus non impliqués dans l'entreprise.
- Établir un socle de règles formelles, claires et logiques, valables par elles-mêmes quasiment sans justification et destinées à faire contrepoids à la domination des règles tribales ou holomorphes, trop subtiles pour être efficaces.

Inconvénients

- Faire taire toute initiative individuelle. Conforter les attitudes passives. Étendre la passivité, de proche en proche, à un personnel de plus en plus nombreux.
- Susciter, chez une minorité, une résistance sourde ou publique génératrice de tensions et conduisant à des conflits sociaux. Favoriser le développement de syndicats d'opposition.
- Faire dépendre la réussite de cette stratégie du seul chef responsable du changement pour créer et entretenir le mouvement. Le champ mécaniste n'étant pas autoréorganisateur, tout changement, toute amélioration doivent provenir d'une autorité supérieure, elle-même plus ouverte sur le dehors, fermée sur le dedans, ou de préférence placée dans une position holomorphe.
- Accélérer la tendance naturelle de toute organisation à évoluer vers des structures toujours plus administratives. Ce faisant, favoriser le vieillissement de l'organisation. Dans les grandes structures, rendre tout changement de plus en plus difficile.

Conditions de mise en œuvre

- Bien définir les règles intangibles : méthodes, procédés, procédures, habitudes, valeurs professionnelles... jugées essentielles et incontournables et que les autres stratégies n'ont pu faire prévaloir.
- Préciser les voies utilisables et préférables pour imposer les règles intangibles : réglement intérieur, conditions de travail indiquées à l'embauche, cahier de consignes pour agent de maîtrise, bible de procédures, affichage, notes de service, rappel oral ou écrit, discours solennel d'un responsable, interventions de la hiérarchie à chaque manquement, etc.

- Ne pas s'embarrasser de justifications théoriques ou culturelles. Les règles intangibles, ayant la force du droit et du bon sens, ne s'étendent pas sur leurs propres principes.
- Prévoir des sanctions proportionnées aux manquements.
- Contre-balancer les rigueurs de cette stratégie par l'emploi d'une autre, apparemment plus généreuse, la stratégie des Grandes Oreilles, qui s'efforce de donner satisfaction au personnel par anticipation, sur les points importants : les conditions de travail et les salaires. Pas de stratégie mécaniste durable sans contre-poids social.
- Enfin, appliquer cette stratégie à une population psychologiquement apte et prête à s'y soumettre volontiers, par l'intermédiaire d'une hiérarchie elle-même capable de pratiquer le premier mode.

STRATÉGIE FRONTALE

Stratégie ouverte ou fermée d'autorité :
1er mode dominant :

- Nature du changement : tout changement matériel et immatériel imposé par une nécessité impérieuse
- Population concernée : toute, si la nécessité l'exige
- Faisabilité : difficile, sauf en cas de crise
- Niveaux de changement : réglable, réforme, rénovation et refondation.

Caractéristiques :

Sous la pression de la nécessité, imposer à une population réticente un changement brutal de systèmes, de structures et de culture, sans tenir compte de ses réactions négatives et par conséquent en occultant l'idée d'échec.

Certaines circonstances internes (changement d'actionnaire principal, par exemple) et surtout externes (menaces graves sur le marché) ne laissent d'autres choix au décideur qu'une intervention d'autorité, usant du 1er mode sans hésitation, sans nuance et sans scrupule. Ça, ou la débacle.

Exemple :

Une entreprise de fabrication et de vente au détail de matériel de bureau est brutalement agressée par le développement d'un concurrent allemand qui entend s'approprier, sur ce marché, la part du lion.

Le personnel de l'entreprise et surtout l'encadrement se sont habitués à un régime transactionnel un tantinet paternaliste, dû à un PDG âgé et lointain. Le nouveau DGA, neveu du patron, est lui-même un personnage de contact, peu à l'aise dans les situations de combat.

Néanmoins, nécessité oblige. Pressé par le temps, et faisant effort sur lui-même, il va mettre en place une « cellule de crise » paravent commode permettant au DGA de prendre, en quelques semaines, des mesures drastiques tant sur le plan technique que commercial et social. Ahuri par le changement de rythme et de climat social, le personnel voit se succéder des changements de production et de méthodes de fabrication, des mutations de responsables, plusieurs licenciements déguisés en démissions, un plan d'amélioration de la qualité et apparaître des procédures touchant à l'accroissement de la productivité. Un nouveau service d'informatique est créé. Un directeur commercial musclé et combatif est embauché. Le travail de week-end est envisagé. Parallèlement, le DGA développe un partenariat avec plusieurs fournisseurs et une chaîne de distribution.

A l'occasion d'une colère mémorable et publique, le DGA a montré sa détermination inflexible. Le patron consulté discrètement a soutenu son neveu. Dressée, la société se soumet à ce régime de cheval.

Avantages

- Défendre des positions stratégiques, politiques ou idéologiques réputées non négociables, et ce, jusqu'à limite de ses forces.
- Se donner l'occasion de préciser les valeurs essentielles (la survie, la qualité...) sur lesquelles on ne transige pas.
- Etablir clairement le jeu des acteurs, lesquels sont obligés de se ranger sans équivoque dans un camp ou dans l'autre.
- Le cas échéant, refaire ou ressouder une alliance composée de tous les indécis et timorés.
- Si l'issue est positive, renforcer l'image et le crédit personnel des responsables.
- Vider un abcès, éviter un pourrissement, repartir du bon pied.
- Quelquefois enlever un avantage exceptionnel ou décisif, uniquement parce qu'on a le toupet d'engager une stratégie frontale à haut risque.

Inconvénients ou risques

- Consommer beaucoup de « pouvoir », notamment du crédit auprès des clients, des actionnaires, des alliés, de la hiérarchie, des médias... qui sont ici très sollicités. Quand cette stratégie donne lieu à un conflit social assorti de grèves, elle consomme aussi beaucoup de moyens financiers, elle sacrifie des parts de marché, elle peut renforcer indirectement la concurrence. Or, la quantité de pouvoir est toujours limitée.
- Destabiliser, voire renverser les responsables de l'entreprise dans le cas où l'issue ne leur est pas favorable.
- A la limite, détruire l'entreprise.
- S'engager dans une voie dont on ne peut prédire l'issue à coup sûr, et souvent « brûler ses vaisseaux ».
- Laisser des traces dans la mémoire collective et des cicatrices consécutives à la brutalité unilatérale des décisions. Il faudra gérer ce « solde conflictuel ».

Conditions de mise en œuvre

- S'assurer que toutes les autres solutions ont été étudiées et testées, et qu'elles n'ont pas abouti. Par conséquent, réserver la stratégie frontale aux seules situations exceptionnelles où sont menacées les valeurs fondamentales.
- S'appuyer sur l'extérieur pour légitimer le changement.
- Calculer au mieux le rapport de pouvoir entre les protagonistes afin d'éviter de s'engager dans un conflit où les chances de succès sont pratiquement nulles.
  Notamment évaluer la capacité de cette stratégie à renforcer la solidarité des acteurs alliés.
- Utiliser un conducteur de changement à forte personnalité et résolu.
- Envisager froidement la situation au cas où l'échec serait patent.
- Accepter éventuellement une issue-échappatoire. Prévoir une gestion de l'après-crise.

STRATÉGIE DE CHAUD ET FROID

Stratégie ouverte ou fermée de composition : 2ème mode dominant

- Nature du changement : changement d'attitude de partenaires hostiles, au cours d'une négociation ou dans le cadre d'un changement plus général.
- Population concernée : tous les opposants, pris individuellement ou collectivement.
- Faisabilité : dépend de l'habileté manœuvrière du responsable.
- Niveaux de changement : réforme, rénovation, refondation.

Caractéristiques :

Changer l'attitude d'un opposant et l'amener à plus de conciliation voire à plus de coopération par un emploi successif et/ou simultané d'actions « chaudes » (synergiques) ou « froides » (antagonistes).

L'attitude d'opposition au changement d'un acteur B est souvent « massive » ; elle tire son efficacité du fait qu'elle se présente sans faille apparente et qu'elle survalorise les pouvoirs mobilisables contre A, le conducteur du changement.

Toute action « chaude » de A est ressentie comme une faiblesse par B, qui en profite pour accroître son antagonisme. Mais l'attitude inverse de A produit le même résultat : toute action « froide » est perçue comme une provocation par B qui, se sentant menacé par cette escalade, se fait plus exigeant.

La stratégie de chaud et froid cherche à opacifier la perception que B peut avoir de l'attitude de A. La fausse logique de B va perdre de sa sûreté, dès lors que les actions de A deviennent contradictoires, ou du moins relèvent d'une cohérence indéchiffrable. Successivement ou simultanément, dans des instances différentes, A tient des propos ou pose des actes qui sont favorables et défavorables à la position de B. Le chaud et froid. Et ce, pendant toute la durée d'une négociation, mais aussi, en permanence, sur plusieurs mois.

La riposte de B, dans un premier temps, est fortement négative : B maintient ses positions antagonistes. Mais peu à peu il se sent obligé de sortir de ses schémas simplistes : A est-il si faible quand il est synergique puisqu'il est si fort quand il est antagoniste ? L'hostilité de B perd une partie de sa justification. D'autre part, si A s'oublie à être synergique sur certains points et à certains moments, ne serait-il pas sage pour B d'en profiter sachant que l'antagonisme de A peut réapparaître sur ces mêmes points, à tout moment ?

Pendant ce temps, la stratégie de chaud et froid développe son discours paradoxal, ouvrant et fermant des portes, donnant des espérances et coupant des espoirs, rassurant et inquiétant. Parallèlement le rapport de pouvoir entre A et B, croît et décroît, lui aussi selon les événements, exerçant sa pression indirecte sur la riposte finale de B.

A l'instant précis où B se sentira conjoncturellement en situation de faiblesse, et percevra une opportunité, il aura tendance à faire taire ses préventions et saisira la chance qui passe...

Reconnaissez que pour obtenir un assouplissement dans l'attitude de ses adversaires, François Mitterand est parvenu à un haut niveau de maîtrise de cette stratégie.

Exemple (emprunté à une négociation commerciale) :

La société Euro-imprimerie est décidée à acquérir une nouvelle rotative offset de grand débit. Elle hésite entre une machine suédoise performante mais chère : la « Compact », et une autre, allemande moins chère mais livrable neuf mois plus tard : la « G.B. 31 ». Durant les six mois que durèrent les pré-négociations le directeur général d'Euro-imprimerie s'efforce, bien entendu, de convaincre chacun de ses fournisseurs qu'il est en « concurrence défavorable » avec un autre, ce qui est de bonne guerre. Mais dans le même temps il multiplie les gestes de sympathie personnelle vis-à-vis des négociateurs eux-mêmes, lesquels peuvent toujours espérer un retournement de situation. Dans ce but, chaque fournisseur propose un premier train de concessions classiques, jugées malgré tout insuffisantes par l'acheteur.

Après avoir pesé le pour et le contre, celui-ci opte préférentiellement, mais en secret, pour la « Compact ».

C'est alors qu'il engage avec ses correspondants suédois un jeu de « chaud et froid ». Il fait d'abord courir le bruit contraire : c'est la G.B. 31 qui sera probablement choisie... « avec regret parce que la firme suédoise est tout de même plus fiable ». A défaut de la « Compact », l'acheteur s'intéresse à une autre machine suédoise, plus petite, qu'il faudra acquérir l'année suivante.

Les Suédois se précipitent sur ce nouveau marché, plus modeste, mais qui leur permet de sortir honorablement de la négociation. Cette transaction annexe et fictive donne même lieu à un voyage éclair du directeur technique à Stockholm.

Puis, changement de perspective : la « Compact » redevient d'actualité, bien que dans le même temps le directeur général manifeste une crise d'humeur et interrompt une réunion avec les Suédois, sous prétexte que la lettre qu'il venait de recevoir du patron scandinave est « à la limite de la courtoisie ». Tour à tour l'acheteur et ses collaborateurs laissent filtrer des informations contradictoires : « la Compact n'est pas si performante que ça, notamment quand on la fait tourner 24 h sur 24 h » mais aussi : « le service après-vente des Suédois est plus rapide ».

Nouveau changement de pied ; les Suédois apprennent par une indiscrétion calculée que les Français sont à Francfort et que les Allemands vont réduire leur délai de trois mois. La même semaine, un négociateur français offre à Paris une soirée inoubliable à son homologue suédois et à sa femme.

Le lundi de février, les Suédois craquent et proposent une réduction de prix de 6,8 %... L'affaire est conclue le mardi.

Avantages

- Sortir d'une impasse, dans laquelle A et B s'entêtent dans leur prévention réciproque. Par conséquent, éviter « la montée aux extrêmes » (Clausewitz) et réduire le temps de l'affrontement.
- Introduire un changement de rythme dans la relation conflictuelle qui s'apparente souvent à un échange interminable de coups. L'irruption, ici, d'actions chaudes provoque un changement de pied, crée une diversion, introduit une donnée nouvelle qui rompt le rythme habituel des coups et des ripostes, et contribue à rendre l'adversaire plus malléable.

Inconvénients ou risques

- Passer pour hypocrite aux yeux de l'adversaire, lequel sera d'autant moins prompt à se rallier qu'il se sentira manœuvré.
- Dans les affaires sociales ou politiques, passer pour pratiquer un double jeu aux yeux des alliés lointains à qui la stratégie de chaud et froid ne peut être explicitée dans le détail. Surpris, déçus, convaincus d'être lâchés, trahis, ceux-ci peuvent rompre l'alliance ou l'affaiblir (voir la parade plus loin).

Conditions de mise en œuvre

- Bien établir les séquences « chaudes » et « froides » : qui dit quoi ? où ? comment ? Eviter toute improvisation. Rendre compte à l'équipe pilote.

- Jouer opportunément sur les quatre composantes de la synergie (actions chaudes) et de l'antagonisme (actions froides) :

Synergie	Jeu commun « Moi **avec** l'autre »	et	Intention favorable « Moi **pour** l'autre »
Antagonisme	Jeu personnel « Moi, **sans, malgré, en dépit,** de l'autre »	et	Intention défavorable « Moi **contre** l'autre »

- Pour éviter les mauvaises interprétations des alliés situés en marge des négociations sociales et politiques, faire pratiquer les actions chaudes et froides par des personnes différentes, ou bien jouer des actions chaudes en privé et réserver les actions froides pour les contacts publics.
- Maintenir un contact permanent avec les alliés sur le thème : « Ne faites pas de vague et confiance : ça marche ! »

Démarche et outils

- Pour les négociations à faible enjeu, conduire la stratégie par les voies hiérarchiques classiques ; création d'un état-major de pilotage dans le cas contraire.

- Investir inutilement sur des demandes potentielles non essentielles.
- Mal évaluer le « rapport de forces », par conséquent refuser dans un premier temps des attentes injustifiées transformées plus tard en revendications agressives, puis les accepter sous la contrainte, donc perdre de ce fait le bénéfice du « crédit d'intention », clé de cette stratégie.
- Se laisser entraîner dans un dérapage incontrôlé. Parade : bien soigner la mise en œuvre.

Conditions de mise en œuvre

- Engager la stratégie par de petites initiatives locales, simples, modestes, continues dans le cadre d'une démarche discrète. Pas de triomphalisme.
- Former la ligne hiérarchique et le service du personnel à avoir de « grandes oreilles ».
- Se doter dès le départ d'un cadre de référence commun à tout l'encadrement, dans lequel les responsables disposeront d'une large liberté d'action.
- Etre capable de tenir cette stratégie pendant plusieurs années... avant qu'elle n'entre définitivement dans la culture d'entreprise.

Démarche et outils

- Constitution d'une équipe de pilotage relevant de la Direction du Personnel et des Ressources humaines.
- Cette équipe établit la règle du jeu : critères de choix des actions, niveaux de délégation, processus d'arbitrage, budget...
- Chaque niveau hiérarchique est doté d'un « budget G.O. » et d'un pouvoir spécifique de décision.
- Chaque niveau hiérarchique assure des fonctions :
  - d'**écoute,** c'est-à-dire de repérage des dysfonctionnements socio-techniques,
  - de **hiérarchisation** des attentes en fonction de leur impact potentiel, de la facilité et de l'économie de leur résolution,
  - d'**évaluation du rapport de forces,** critère de « l'attente justifiée ».

- Le pilotage général s'inspire, pour une part, de la stratégie des grandes oreilles elle-même appliquée aux responsables locaux : « Moi, directeur du Personnel, que puis-je entreprendre par « anticipation d'un cheveu » pour répondre aux attentes des responsables de base ? ».
- L'équipe de pilotage dirige la campagne de communication de cette stratégie.

STRATÉGIE DE BORD DE DAMIER

Privilégier les changements locaux imaginés et mis en œuvre par les hommes du terrain, c'est-à-dire par « le plus grand nombre » travaillant dans les services d'exécution ou de production.

Cette stratégie est directement inspirée du jeu de Go dans lequel le « bord du damier » représente « le nombre », donc la puissance, et permet d'obtenir plus facilement le gain de la partie.

Les changements imposés par les voies du 1er mode ont leurs limites : mauvaise exécution, passivité des échelons subalternes, nécessité de tout prévoir et de décider au sommet. La démarche est ici totalement inversée. Elle postule que les hommes de terrain (employés, ouvriers, maîtrise, chefs d'atelier) sont capables d'initiatives pertinentes, et que ces initiatives ont le mérite d'accroître par rétroactions leur implication dans leur tâche et dans l'entreprise. Partir du bord du damier, c'est « donner la parole » à ceux qui produisent, au moins pour ce qui concerne leur tâche propre : la production, la qualité, le respect des délais, la sécurité, et plus périphériquement l'approvisionnement, la maintenance technique, l'information.

D'une certaine façon, la hiérarchie et certains hauts services fonctionnels sont placés entre parenthèses, afin qu'il soit bien évident pour tous que le changement est conduit par le terrain. Les cercles de qualité, importés du Japon (où le jeu de Go est répandu) ont doté la stratégie de bord de damier d'un outil efficace.

Cependant les caractéristiques principales de cette stratégie ne sont pas à trouver dans une liste de moyens tactiques de mise en œuvre, mais à l'inverse dans le fait qu'elle se situe au niveau d'une macro-stratégie. A ce titre, elle s'applique concrètement, par le truchement de stratégies plus opérationnelles, comme celles de projet, de coopération marketing, et de vide contrôlé (voir ces mots).

STRATÉGIE 2/3 - 1/3

Stratégie fermée de composition dominante : 2/3 de 2ème et 3ème mode et 1/3 de 1er mode

- Nature du changement : renforcer l'attitude des partisans du changement face à un groupe d'opposants.
- Personnes concernées : partisans et opposants.
- Faisabilité : exige pour les responsables une forte capacité fédérative.
- Niveaux de changement : réforme, rénovation, refondation.

Caractéristiques :

Hiérarchiser correctement les priorités du changement, les moyens et le temps disponibles au moyen d'un investissement articulé autour du choix stratégique suivant : deux tiers des actions sont consacrées à conduire le changement grâce au soutien d'alliés coopérants, et un tiers à contenir la pression des opposants.

Généralement les grincheux, les opposants et les adversaires tiennent une place trop importante dans la stratégie des responsables.

Ceux-ci s'imaginent que le temps, l'attention et les moyens investis dans la relation avec les adversaires sont capables de les muter en alliés coopératifs. Cette stratégie est peu réaliste et surtout consomme des pouvoirs (temps, moyens) qui seraient mieux utilisés au service d'un développement de la coopération avec les partenaires alliés. A l'exception des pouvoirs d'innovation, les pouvoirs d'un acteur relèvent du « jeu à somme nulle » : les pouvoirs qui sont dépensés pour tenter de rallier les opposants sont à soustraire de ceux qui auraient pu être employés pour renforcer l'alliance. Et le bilan se traduit ainsi : les opposants deviennent plus forts et les alliés plus faibles ; négligés et déçus, ceux-ci ne tarderont pas à devenir passifs ou même… opposants.

La stratégie 2/3 - 1/3 consiste à privilégier les actions d'extension et de coopération au détriment de celles de « contention », lesquelles ont pour simple objectif d'élever un mur de protection à l'abri duquel la coopération avec les alliés pourra obtenir son plein effet. Ce tiers de contention n'est pas un acte conflictuel, relevant de la stratégie frontale, mais le versant-Nord d'une stratégie plus générale dont le versant-Sud, exposé au soleil, est le théâtre de tous les jeux synergiques de l'entreprise.

Les actions issues du versant-Nord (1/3) ou de « contention », sont à classer en trois catégories complémentaires.

1. Les actions de non-synergie : minimum de temps passé avec les opposants, minimum d'information, minimum de concertation, peu de référence aux opposants et à leurs points de vue, écoute réduite au nécessaire, mais néanmoins vigilante (dans l'attente hypothétique d'un retournement synergique ou d'une position réutilisable dans l'alliance). Cette non-synergie doit s'exercer sur un fond de courtoisie excluant tout procès d'intention explicite et a fortiori toute agressivité publique.
2. Les actions d'enveloppement, inspirées du jeu de Go : jalonnement des damiers (économiques, sociaux, politiques,...) déjà occupés par les opposants, au moyen d'hommes, d'idées, de pouvoirs, qui sont autant de points d'appui à long terme ; connexion de ces points d'appui sous la forme de « territoires » enveloppant les positions adverses. Ces actions d'enveloppement sont destinées à maintenir un rapport de pouvoir satisfaisant « au nez et à la barbe » des opposants, lesquels doivent se sentir investis de l'intérieur. Par cet enveloppement, la contention accède au rang de stratégie active.
3. Les tentatives de ralliement individuel des opposants selon la stratégie de réseau (voir cette stratégie).

La conduite de la contention peut devenir une stratégie semi-autonome, gérée à part.

Les actions du versant-Sud (2/3) ou de « coopération » relèvent du tissage de nombreuses démarches et de stratégies, par exemple : la négociation, la concertation, les stratégies de vide contrôlé, de jalonnement, de projet.

La négociation rappelle que la coopération pour le changement doit s'effectuer dans un rapport de quasi-égalité entre des « alliés » qui acceptent de marchander leurs points de vue, leurs influences, leur pouvoir.

Plus synergique, **la concertation** met l'accent sur la nécessité de co-élaborer les buts et les moyens du changement avec certains alliés privilégiés.

La stratégie **de vide contrôlé** permet d'offrir aux alliés de larges espaces d'autonomie pour participer au changement.

La stratégie **de jalonnement** insère toutes les actions dans une opération pointilliste.

Enfin la stratégie **de projet** est destinée à élever la coopération à un niveau consensuel où les mêmes valeurs partagées sont mises au service du changement. Tirée par son projet, l'alliance devient contagieuse.

Ces commentaires montrent que la stratégie 2/3 - 1/3 est un super-logiciel à caractère général destiné notamment au changement de grande ampleur dans les Administrations.

Exemple

Jusqu'à présent la Société Anonyme de Bierres assure une double production : la plus importante, concerne la fabrication de grosses moto-pompes à faible technicité, et l'autre, se rapporte aux petites moto-pompes nécessitant un savoir-faire bien supérieur.

La conjoncture se renversant, la fabrication des grosses M.P. s'effondre au profit des petites M.P. selon le tableau suivant :

	Total des salariés de la production	Grosses MP	Petites MP
Actuellement	1 000	600	400
Nouvelle répartition objet de la concertation	900	350	550
Transfert		– 250	+ 150
Solde	– 100	[dont réinsérés : 75 et licenciés : 25	

Ce changement impose la fermeture et l'ouverture de chaînes, nécessite la redéfinition de postes, de procédures, d'horaires et entraîne des perturbations importantes liées aux 25 licenciés (quelles conditions ?) aux 75 réinsérés dans les autres services de l'entreprise (où, comment ?) aux 150 transférés aux petites pompes (quelle formation ? quelle classification ? quel salaire ?). Cadres, agents de maîtrise et ouvriers sont partagés entre l'hostilité, l'engagement positif et l'attentisme, cette dernière attitude étant majoritaire.

Après une étude précise de l'antagonisme des opposants, la direction en déduit qu'il serait vain d'espérer les rallier au projet et que leur attitude hostile risque au contraire de nuire à la restructuration en cours, donc d'handicaper l'avenir.

La stratégie 2/3 - 1/3 se traduit par :

- *une mobilisation des partisans qui sont invités à co-élaborer tous les aspects du projet, tant sur les plans techniques, commerciaux que sociaux. L'information est complète et franche, les points litigieux sont négociés, les initiatives même déviantes sont écoutées voire prises en compte. Le tout est tiré par le dynamisme du projet intitulé « Nouveaux horizons pour la S.A.B. ». Deux organisations syndicales et la moitié des membres du C.E. entrent dans le jeu sans trop se faire prier.*

– une contention des opposants qui sont ainsi maintenus à distance, non pas des informations, mais des instances actives, là où le projet prend forme. Dans un premier temps, leur hostilité se renforce, jusqu'au moment où une partie d'entre eux se rallie subrepticement au changement, l'autre rejoignant le camp des attentistes. Les derniers opposants irréductibles sont isolés.

Avantages

- Renforcer l'identité collective autour d'un projet, accroître la cohésion entre les alliés, éviter les abandons, développer les initiatives, encourager les ralliements, inquiéter les opposants.
- Obliger les responsables à avoir une stratégie claire, cohérente et suivie, portant sur l'essentiel (la coopération) et non sur les aspects secondaires de toute relation (l'inévitable attitude négative des adversaires).
- Développer la synergie collective par une coopération de plus en plus large portant sur tous les plans : techniques, économiques, sociaux, juridiques, stratégiques.
- Attirer dans la coopération la masse des hésitants qui sont trop contents de participer à un mouvement, gros de succès à venir.
- Etablir par comparaison, une gêne chez les opposants qui sont sensibles à la cohésion de l'alliance et qui se sentent interpellés par les faiblesses et les incohérences de leur propre camp. Faciliter éventuellement leur ralliement. Affaiblir l'alliance adverse.
- Rester à l'écoute des « bonnes idées » adverses qui sont à réintégrer dans le plan d'action du changement.
- Renforcer le pouvoir personnel des chefs de l'alliance.

Inconvénients ou risques

- Constater un vieillissement de la coopération « par obsolescence » des idées et des hommes, assorti d'une incapacité à contenir les pressions adverses.
- Ouvrir la porte à des luttes de pouvoir entre les dirigeants, si le projet de changement perd de son dynamisme.
- Choquer certaines personnes qui risquent de voir dans cette stratégie des intentions manipulatrices.

Conditions de mise en œuvre

- Bien définir les buts et les moyens du changement en coopération avec les alliés.

- S'appuyer, dès le départ, sur le « noyau dur » des hommes décidés, à fort projet et peu portés à des luttes de pouvoir. De préférence, s'appuyer sur un chef d'alliance, à vocation de guide charismatique, capable, le moment venu, d'employer une stratégie de projet.
- Jouer sur un damier (économique, social, politique,...) suffisamment étendu pour y attirer les alliés, lesquels y trouveront à leur tour suffisamment de liberté pour se développer sans (trop) gêner les autres.
- Ne pas lésiner sur l'emploi des pouvoirs « de soutien » utilisés en faveur des alliés.
  La formation, la promotion, l'information, la considération, la concertation, la rémunération, etc... sont à considérer comme des investissements destinés à renforcer l'alliance. Par conséquent, la coopération nécessite que le chef de l'alliance dispose de ces pouvoirs : leur emploi confirmera son statut.
- « Animer » l'alliance, c'est-à-dire lui donner une âme par le développement de nombreuses actions collectives : conférences, voyages, commissions de travail, participation à des sous-projets, rédaction d'un journal de l'alliance, émulation entre les alliés, etc...
- Réserver la conduite de la stratégie de coopération (2/3) au chef de l'alliance lui-même, et celle de la stratégie de contention à un adjoint direct, afin de bien distinguer les deux fonctions.
- S'appuyer sur une bonne logistique afin d'accompagner, au jour le jour, le jeu des événements programmés ou fortuits. Chaque événement est utilisé, pour renforcer l'alliance ou pour envelopper les adversaires.

Démarche et outils

- Etablir à l'origine un diagnostic sociodynamique afin de distinguer clairement les alliés des adversaires. Renouveler ce diagnostic après chaque événement important.

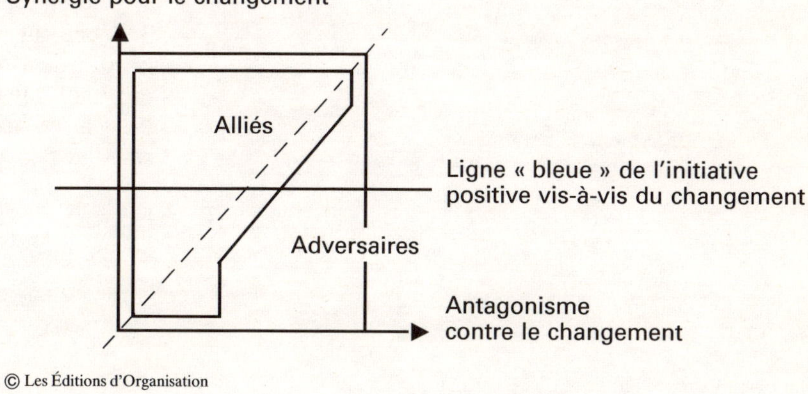

- Instituer un centre stratégique de l'alliance où sont prises les décisions importantes.
- Instituer un système de suivi des événements (voir la grille proposée pour la stratégie de jalonnement). Chaque événement, selon son importance, peut donner lieu à une mise en œuvre tactique : Qui fait quoi ? Comment ? Où ? Avec quel moyen ?

Le suivi des événéments est assuré par l'équipe stratégique qui en assure ou non la publicité au sein de l'alliance.

- Etablir périodiquement un « état de l'alliance » par Métaplan, sans publicité, destiné à mettre en évidence les « points forts », « les points faibles », « les pistes de progrès ».

STRATÉGIE DE RÉSEAU POUR LE CHANGEMENT

Stratégie ouverte de composition : 2ème mode dominant

- Nature du changement : rallier individuellement quelques opposants au changement.
- Personnes concernées : partisans et opposants.
- Faisabilité : exige un fort doigté.
- Niveaux de changement : réforme, rénovation.

Caractéristiques :

Réduire des îlots de résistance au changement par une tentative de ralliement individuel des opposants obtenu au moyen de l'action discrète des partisans.

Les stratégies frontales, tribales, 2/3 - 1/3, de bord de damier... etc. sont souvent conduites au son du clairon. Elles peuvent heurter des personnes réticentes voire opposées, et ce, pour des raisons variées : manque d'information, interprétation erronée, parti pris, peur de perdre du pouvoir, crainte de n'être pas à la hauteur d'une nouvelle tâche... Ces stratégies peuvent aussi contrecarrer techniquement certaines pratiques professionnelles, des procédures et des valeurs qui opposent leur force d'inertie au changement et auxquelles les opposants sont attachés. Les hommes, les systèmes, la structure, la culture forment souvent des paquets de « gluons », qui n'osent pas dire leur nom. Ces gluons ne sont guère faciles à détecter, et s'ils le sont, ils affichent ostensiblement une position hostile. Or, ces « gluons publics » sont la plupart du temps imperméables aux grandes stratégies frontales ou de 2/3 - 1/3.

Une autre démarche leur est destinée. Il s'agit d'engager en parallèle, la stratégie de réseau, plus souple et plus discrète. Celle-ci crée autour du responsable et de son équipe, un maillage de partisans du changement dont la mission va justement consister :

- à distinguer les opposants,
- à les « traiter », hors des voies de la stratégie en cours.

Ces alliés sont choisis selon trois critères :

- être partisans résolus de tout ou parties importantes du changement,
- être situés dans une position-clé : un planton dans une administration peut-être un allié utile, tout autant qu'un chef de service ou un technicien de la maintenance,

– disposer de suffisamment d'influence et de doigté pour assurer la mission… sans accroître, par imprudence ou excès, l'hostilité des opposants.

Ces « désengluements locaux » se font discrètement par des entretiens informels. Ceux-ci ont pour but de permettre aux opposants d'exprimer leur position plus librement et aux partisans d'y répondre sur le champ ou plus tard, et de toute façon d'apaiser des craintes souvent fondées.

Démarche

- Tenir au clair la liste des partisans du changement sur lesquels on peut compter.
- Dans le cadre d'entretiens également informels leur demander leur aide en insistant sur le fait **que leur intervention sera volontaire et libre et qu'ils n'auront pas de compte à rendre.**
- Recueillir néanmoins par cette démarche des observations et critiques non personnalisées susceptibles d'être prises en compte dans le changement lui-même, ou dans sa mise en œuvre.
- Donner quelques conseils pratiques aux alliés, notamment de ne pas paraître trop ostensiblement et inconditionnellement favorables au changement.

STRATÉGIE DE MERCENAIRES

Stratégie ouverte de composition : 2ème mode dominant

- Nature du changement : tout changement matériel et immatériel.
- Population concernée : limitée à une minorité individualiste et dynamique, mais marginale.
- Faisabilité : difficile si la D.G. n'est pas capable de faire évoluer parallèlement la culture du reste de l'entreprise.
- Niveaux de changement : réforme, rénovation et refondation.

Caractéristiques :

Piloter le changement par la création d'un système décentralisé conçu pour favoriser la combativité et les initiatives locales d'acteurs ayant pour mobile principal la satisfaction de leurs intérêts personnels (... pécuniaires, professionnels).

L'institution voit généralement d'un mauvais œil le développement de systèmes trop indépendants qui risquent de perturber les grands équilibres : c'est la peur de l'éclatement. Cette inquiétude vis-à-vis du désordre est fondée, mais elle en masque peut-être une autre plus profonde et non avouée : celle d'entraîner des changements brusques, non planifiés et non voulus : c'est la peur du changement.

La stratégie de mercenaires est empirique, réaliste, positiviste. Elle use des hommes pour le service contractuel qu'ils peuvent rendre à l'entreprise. Celle-ci a besoin de changement dans tous les domaines : commercial, industriel, social, informatique. Si « le besoin crée l'organe », selon Lamarck, une structure spécifique de changement est à constituer. Or certains hommes ou certaines équipes sont capables de faire vivre cette structure. Ils sont davantage reliés au monde extérieur professionnel qu'ils ne sont engagés affectivement dans la société. Leur attachement à l'entreprise est principalement alimentaire.

Préoccupés par leur métier, soucieux de rester des professionnels avertis ou même « en pointe », ils se contentent de trouver dans l'entreprise qui les emploie : sécurité, salaires, pouvoir, développement personnel. En échange de quoi, ils importent tranquillement leur savoir-faire et toutes les idées originales qu'ils ont glanées à l'extérieur. Et comme ils n'ont pas l'esprit encombré par les routines, procédures et coutumes sociales de l'entreprise (dans laquelle ils ne cherchent pas à faire carrière), ils sont quasiment les mieux placés pour forcer le changement. Ils sont les véhicules naturels de la « provocation » externe dont le dedans a besoin pour se renouveler.

Cette population de professionnels est composée généralement de hauts-techniciens, chercheurs, vendeurs, hommes de marketing, managers, anciens élèves de grandes écoles ou possédant une forte expérience. Ces hommes acceptent de courir des risques à proportion du contrat personnel qui leur est fait. Ce contrat est toujours assorti d'un fort intéressement sur les résultats, et quelquefois d'une promesse de promotion dans l'entreprise, ou d'un plan de carrière. Les « mercenaires » savent néanmoins travailler en équipe et diriger des hommes qui sont aussi peu, ou au contraire, beaucoup plus intégrés qu'eux-mêmes. Dans ce dernier cas, ils sauront trouver les mots et donner les garanties apparentes de leur attachement à l'entreprise.

Le pilotage d'hommes de services ou de chantiers mercenaires, tient essentiellement dans la bonne définition des missions qui leur sont confiées, et dans leur suivi régulier et précis. Le tout scellé dans un contrat.

Exemple :

La société « Jacobson » crée, fabrique et commercialise des accessoires pour l'équipement automobile : essuie-glaces, systèmes de freinage, systèmes hydrauliques.

Les structures commerciales orientées sur la vente aux constructeurs et aux garagistes, relèvent déjà de la stratégie de mercenaires. Les directeurs commerciaux et les vendeurs sont embauchés, formés, rémunérés dans le but exclusif d'obtenir des contrats de série chez les constructeurs, puis des contrats de « deuxième monte » chez les garagistes. Leur appartenance affective à la société Jacobson est faible ; leur acharnement à lever des marchés nouveaux n'en est que plus fort.

La Direction générale de la société souhaite étendre cette combativité à la qualité et au marketing qui sont restés « mécanistes » contre toute logique, ainsi que la production, ce que l'on comprend mieux.

Dans un premier temps il a été entrepris une démarche discrète d'embauches externes et de mutations internes d'hommes ambitieux susceptibles d'accepter de relever des défis hors normes, mais néanmoins bien cadrés dans des missions de 12 à 18 mois.

C'est ainsi que le nouveau responsable de la qualité se voit proposer un challenge exceptionnel : « s'inspirant des démarches expérimentées dans le monde, suggérer un ensemble de méthodes et de procédés calculés pour réduire la non-qualité de 20 % et ce, compte tenu des habitudes actuelles ». Il va sans dire que le choix définitif de ces méthodes dépend de la structure hiérarchique,structure que la Direction générale s'engage à faire évoluer dans le même sens pour faciliter leur mise en œuvre.

La même démarche est adoptée pour la Direction du marketing comprenant trois ingénieurs spécialisés. Il leur est demandé de trouver trois perfectionnements majeurs pour des produits existants et deux articles nouveaux « anticipant sur les besoins du marché et les avancées des concurrents ».

Le service des études étant réticent à toute innovation improvisée, la Direction du marketing « doit faire en sorte que ces produits nouveaux soient bien accueillis par tous ceux qui auront ultérieurement la mission de les concevoir techniquement, de les produire et de les vendre ». Est ainsi intégrée dans la mission, la nécessité de faire équipe.

Les missions de changement sont négociées et scellées dans un contrat qui stipule, également :

- *les marges d'autonomie vis-à-vis des autres services et grandes directions de l'entreprise,*
- *l'engagement réciproque de la Direction générale en matière financière et surtout morale, pour soutenir l'opération,*
- *l'enveloppe budgétaire confiée à la gestion de l'équipe mercenaire,*
- *et surtout les contreparties, se présentant ou bien sous forme de promotions futures ou bien sous celle d'un double salaire annuel...*

Avantages

- Insérer dans l'entreprise une structure quasi déviante, fenêtre toujours ouverte sur le grand vent extérieur.
- Etre informé de toutes les attentes, initiatives et nouveautés qui apparaissent sur le marché. Disposer d'un œil discret chez les concurrents.
- Obliger l'entreprise à rester en alerte face aux innovations externes et même à anticiper sur les évolutions probables ; obliger le management et le personnel à sortir des schémas mécanistes et conservateurs, par des provocations externes continuelles ; donner à certaines personnes l'envie d'ouvrir leur horizon professionnel.
- Renouveler le personnel par des embauches de salariés mercenaires, qui peuvent, peu à peu, se transformer en collaborateurs très attachés à l'entreprise.
- Se placer dans la position de coopérer avec des partenaires extérieurs (fournisseurs, concurrents, collectivités, médias, uni-

versités, associations de consommateurs et de défense de l'environnement) en s'appuyant sur une logique exclusivement professionnelle.

- Se rendre plus autonome vis-à-vis de l'extérieur tout en s'affranchissant des démons internes.

Inconvénients ou risques

- Former et responsabiliser des hommes qui n'hésiteront pas à quitter l'entreprise pour un salaire ou un poste plus élevé, emportant avec eux quelques méthodes ou secrets ; donner à certains salariés l'envie de se faire embaucher ailleurs.
- Susciter des îlots semi-dépendants, résistant sans le dire aux pratiques professionnelles, aux coutumes sociales et aux valeurs de l'entreprise créant ainsi des fractures organisationnelles et culturelles graves.
- Favoriser des luttes de pouvoir entre les mercenaires ayant de fortes ambitions personnelles.
- Créer des disparités entre les mercenaires et les autres, dans la façon dont les premiers et les seconds sont traités, tant sur le plan organisationnel que sur celui de la rétribution quantitative et qualitative. Voir se développer deux cultures différentes et peut-être opposées, dont l'affrontement occulte ou larvé risque de compromettre toute volonté de changement.
- Rendre difficile tout pilotage d'ensemble.

Conditions de mise en œuvre

- Etre très rigoureux dans les procédures concernant l'embauche des mercenaires, la définition de leur mission, l'élaboration de leur contrat, leur espace d'autonomie.
- Placer les mercenaires sous tensions permanentes par un suivi apparemment léger, mais régulier et stratégique, qui prévient toute dérive.
- Bien situer les mercenaires sur l'axe de « réactivité au dehors » donc « de maîtrise de l'environnement ». Cet axe comprend quatre plages* :

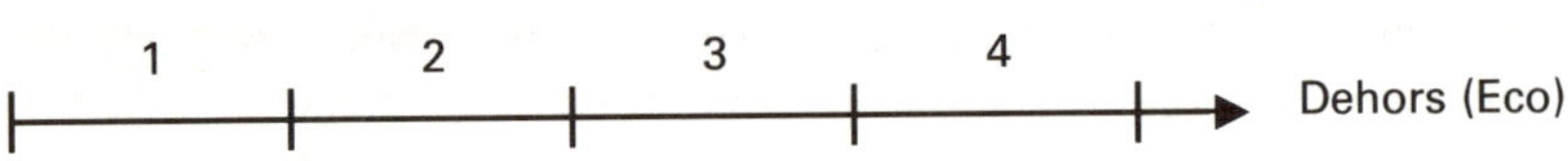

La stratégie de mercenaires n'a de sens que si elle tire l'entreprise vers les niveaux

3 : réactivité en temps réel.
4 : réactivité par anticipation.

* Voir en annexes les *Echelles de réactivité au dehors et d'appropriation du dedans.*

- Faire piloter les mercenaires, par une équipe de direction ou un dirigeant, lui-même réactif au « dehors », mais également sensible à l'identité de l'entreprise, donc au « dedans ».

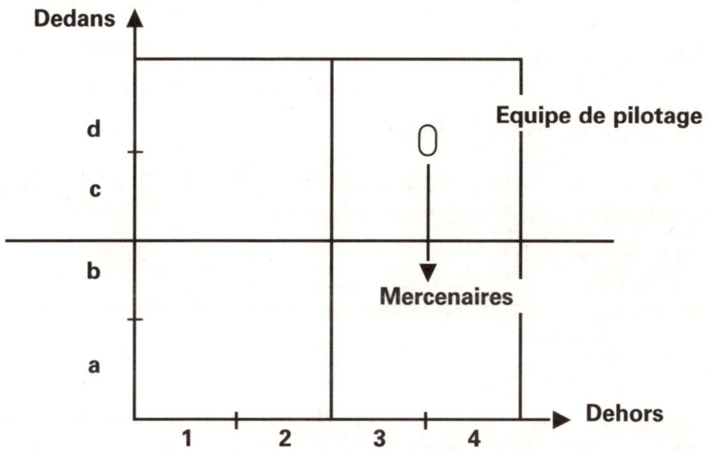

Les équipes mercenaires doivent se sentir comprises et soutenues par l'équipe de pilotage, laquelle possède une double fonction complémentaire, celle de veiller au maintien d'une certaine orthodoxie culturelle, et celle de hisser certains mercenaires vers plus d'attachement à l'entreprise.

- Bien informer le reste du personnel sur l'apport positif de ces... marginaux.
- Si la coexistence au sein de l'entreprise s'avère trop difficile, employer des mercenaires à temps partiel, payés à la vacation ou à la tâche, plus facile à gérer dehors que dedans.
- Etre capable de trancher dans le vif, c'est-à-dire d'engager une procédure de rupture si une dérive trop marquée est constatée.

Démarche et outils

- Etablir l'inventaire des besoins en matière de réactivité au dehors.
- Etablir un plan d'organisation des « îlots mercenaires », par chantier, par mission d'équipe, par service ou atelier décentralisé, par fonction personnalisée (pour un vendeur, un chercheur,...).
- Créer un cadre juridique, de droit interne, comprenant :
  - une équipe de pilotage,
  - une démarche type,
  - un contrat type.

  ceci afin d'éviter de tomber dans l'arbitraire.

STRATÉGIE DE JALONNEMENT

Stratégie fermée de motivation : 3ème mode dominant

- Nature du changement : changer les mentalités par un long travail de tapissier travaillant aux petits points.
- Personnes concernées : toutes.
- Faisabilité : exige de la part de la direction une grande constance, orientée sur un projet.
- Niveaux de changement : réforme, rénovation.

Caractéristiques :

Marquer l'espace et le temps par une suite ininterrompue d'événements, puis les connecter entre eux, afin de « remodeler » progressivement la culture de l'entreprise, et accroître la cohérence d'un projet de changement.

Inspirée du jeu de Go, cette stratégie s'oppose à la brutalité de la stratégie frontale en prétendant obtenir un meilleur résultat sur le long terme. En effet, la culture ne se transforme pas par pression, mais par enveloppement. Toutes valeurs, pratiques et coutumes relevant de la culture sont fortement reliées en « système ». Celui-ci résiste en bloc à toutes les actions exercées en force, sur tel ou tel point. Le système ne peut changer (lentement) que si tous les éléments sont interpellés, retournés, modifiés, connectés autrement. Les nouvelles habitudes se prennent dans la répétition. Pas de provocation. De la patience.

Pratiquement, le jalonnement s'effectue par l'utilisation d'événements habituels ou fortuits, ou par la création d'événements nouveaux qui marquent peu à peu l'espace culturel de l'entreprise et le remodèlent d'une autre façon. Ces événements innombrables sont de nature différente, par exemple : réunions, notes, discussions, décisions, entretiens particuliers, formation...

Ces événements sont inter-connectés à mesure, dans les choses et dans les esprits, toute la série étant délibérément orientée sur le projet de changement. L'ensemble de l'action met en forme un nouveau système culturel cohérent qui se substitue peu à peu au précédent.

La double opération de jalonnement et de connexion aboutit à une sorte « d'enveloppement » dans l'espace/temps à conquérir ou à changer.

Exemple :

Dans une entreprise de ventes par correspondance, il a été décidé de réduire systématiquement les coûts d'exploitation et les délais de livraisons dans le cadre d'une opération appelée « Zéro Coûts - Délais », déclinée en sous-thèmes opérationnels : zéro papier, zéro attente téléphonique, zéro panne, zéro erreur, zéro temps mort...

Des équipes de volontaires se sont réunies pour débusquer par service et par fonction toutes ***les occasions*** *où une intervention Zéro C-D commode serait possible.*

Dans un premier temps sont donc listés :

a) les éléments de la structure et des systèmes : les flux d'information (notes, journal interne, réunions) flux d'articles, de paquets, d'argent ; les centres de décision (conseils, chefs de service, techniciens) ; les procédures d'exécution...

b) mais aussi, les éléments de la culture : langage, valeurs, coutumes sociales, pratiques professionnelles...

Dans un second temps, chacun de ces éléments s'est vu affecté des « occasions », c'est-à-dire des moments privilégiés où une intervention positive est possible. Les sous-thèmes opérationnels sont rappelés à chaque occasion par tous ceux qui sont en position de prendre cette initiative. Par exemple :

- *Dans les enveloppes de feuilles de paie remises tous les mois, il est glissé une information sur les petites victoires obtenues par le personnel pour chacun des sous-thèmes.*
- *Les nouvelles procédures, les nouveaux systèmes informatiques, les décisions administratives et organisationnelles de la direction sont commentées selon ces paramètres.*
- *Tous les stages de formation pour le personnel quel que soit leur objet, doivent intégrer une séquence Zéro C-D.*
- *Une chef de service profite d'un discours improvisé prononcé lors du mariage de sa secrétaire, pour rappeler avec humour, tel ou tel sous-thème « Zéro C-D ».*

Ces « occasions » sont destinées à jalonner le temps et à structurer, peu à peu, l'espace physique et culturel de l'entreprise. A cela s'ajoutent des « événements majeurs », plus spécifiques, à effet de résonnance : par exemple, la visite d'un important partenaire de l'entreprise est la macro-occasion d'un forum spectaculaire où tout le personnel présente les efforts accomplis et les gains obtenus.

Avantages

- Contraindre la hiérarchie à une franche cohérence dans les actions, afin d'obtenir une bonne unité d'effort sur les sous-thèmes jugés importants.
- Obtenir et maintenir un engagement élevé du personnel sur les sous-thèmes concernés.
- Etre très économe dans l'emploi des pouvoirs de coercition.
- Etre praticable avec tout le monde, à l'exclusion de ceux qui sont idéologiquement hostiles aux thèmes proposés.
- S'appliquer à un large éventail de problèmes.
- Constituer un soutien efficace pour d'autres stratégies du 3ème mode, notamment la stratégie de projet.

Inconvénients ou risques

- Etre ressentie comme une sorte de « matraquage publicitaire ». Peuvent en être victimes les personnels dont le jugement (sur le thème concerné) est insuffisamment structuré. Parade : combiner cette stratégie avec certains outils du 2ème mode, par exemple la négociation.
- S'enliser dans l'espace-temps, provoquer une déception et peut-être susciter une attitude de suspicion vis-à-vis de toute opération semblable ultérieure.
  Parade : soigner la mise en œuvre.

Conditions de mise en œuvre

- Obtenir une forte impulsion originelle de la direction et un engagement permanent de la hiérarchie.
- Disposer d'un encadrement de base « militant », assurant un réseau de relais auto-actifs, à chaque occasion.
- S'appuyer sur des valeurs culturelles permanentes conformes aux sous-thèmes de la campagne.
- Se donner des objectifs concrets lointains : 12 ou 18 mois.

Démarche et outils

- Mise en place d'une équipe de pilotage dépendant directement du responsable de l'unité.
- Définition des thèmes sur lesquels porte le changement.
- Elaboration de grilles de connexions, par service, par fonction, par système, par flux...

Occasions ou événements **Sous thèmes**	**1**	**2**	**3**	**4**	**5...**	......
zéro papier	×			×		
zéro panne		×	×		×	
zéro erreur	×		×			
....						

Chaque occasion ou événement, selon son importance, peut donner lieu à un approfondissement logistique : Qui fait quoi ? Comment ? Où ? Avec quel moyen ?

- Suivi par l'équipe de pilotage qui relève les connexions réalisées mais également les « occasions manquées », lesquelles donnent lieu à des remarques adressées aux personnes concernées.
- Communications interne et externe des résultats obtenus.

STRATÉGIE DE NICHES SOCIALES

Stratégie fermée de motivation : 3ème mode dominant

- Nature du changement : organiser l'entreprise d'une manière polycellulaire.
- Personnes concernées : les membres de chaque cellule.
- Faisabilité : dépend de la culture en vigueur et du type de structures organisationnelles, donc de production.
- Niveau de changement : rénovation, refondation.

Caractéristiques :

Modeler ou remodeler l'espace administratif, technique et commercial de l'entreprise, de telle sorte qu'il corresponde à des îlots d'appartenance forte du personnel, lieux privilégiés où l'implication professionnelle et sociale est naturellement plus élevée.

« Niches Sociales », « unités » ou « îlots d'appartenance » constituent des groupes semi-fermés au sens sociologique, c'est-à-dire des communautés de travail dans lesquelles les forces de synergie et de cohésion l'emportent sur celles d'antagonisme et de dispersion. Une niche sociale possède une personnalité morale qui la distingue des autres.

Chaque salarié « se sent appartenir » à de nombreuses niches *secondaires* dans lesquelles il est peu impliqué (par exemple : le groupe sportif du CE ou celui des « ouvriers de la promotion 81 ») et à deux ou trois niches *principales* auxquelles il donne du temps et du travail et dans lesquelles il s'engage affectivement (par exemple : l'atelier, le métier, l'usine). « Non engagé et attentiste dans un grand nombre de niches secondaires, engagé dans deux ou trois niches principales », telles sont les deux attitudes qui conduisent à récuser une organisation administrative, où l'individu se dilue dans des appartenances faibles et qui poussent par contre à promouvoir une organisation cellulaire, polycentrique, où l'individu trouve à s'intégrer dans quelques unités à sa mesure.

Les niches principales, à partir desquelles l'organisation prend forme, possèdent les caractéristiques suivantes, à doses variables :

- une activité homogène,
- une culture socio-professionnelle comprenant un langage, des pratiques, des valeurs, un sens du bien commun,

- une structure formelle (unité administrative, chef, statut professionnel, site, proximité des membres, éventuellement statut juridique),
- un centre de profit ou de coût, donc une comptabilité analytique,

et pour chaque individu :

- un suivi des quatre ou cinq ratios ou indicateurs de base permettant de suivre en temps réel (si possible) l'évolution de la performance de la niche,
- le sentiment d'être « responsable » de ces ratios et de pouvoir en améliorer l'évolution,
- une garantie légale ou morale ; les progrès de ces indicateurs donneront lieu à une reconnaissance pécuniaire ou autre.

La stratégie proprement dite consiste :

1. à chercher l'adéquation optimum entre la structure organisationnelle issue des seuls impératifs économiques, industriels et commerciaux et la « carte » des unités d'appartenances principales. Cette adéquation peut être obtenue ou bien par une superposition de la structure et de la carte (ou inversement), ou bien par la refondation de l'organisation, autour de « P.M.E. » locales répondant à la fois à des impératifs économiques et aux avantages des niches principales.
2. à choisir des niveaux de niches principales qui permettent aux salariés de chaque catégorie de s'impliquer :
   - dans leur travail immédiat (bureau, atelier, service, chantier),
   - dans une unité de plus large économie (site, usine, division, entreprise),
   - dans des activités transversales (le métier, la qualité).

   L'appartenance exclusive à une seule niche étant à éviter pour cause de tribalisme, l'appartenance à plusieurs niches étant difficile à animer, la stratégie conduit souvent à privilégier une « appartenance duplex » (par exemple : atelier et établissement, service et métier,...).

Exemple :

Dans une société d'hypermarchés, il a été postulé dans un premier temps que la niche principale était l'entreprise considérée dans son ensemble, tous magasins confondus. Afin d'améliorer la performance, il a été institué dans un deuxième temps, une organisation donnant lieu à une « double appartenance duplex » :

– pour les cadres : le magasin et l'entreprise,
– pour les non-cadres : le secteur de vente et le magasin.

Chaque appartenance s'emboîte dans l'autre et se traduit pour chaque salarié par le suivi des huits ratios de base (4 x 2), le sentiment d'en être responsable et la garantie d'une reconnaissance.

De plus, chaque appartenance devient le lieu principal de tout effort de progrès en matière de qualité, de service ou de productivité, et plus généralement le lieu d'enracinement local de toute stratégie de projet.

Avantages

- Rendre accessible intellectuellement et affectivement, pour les salariés de chaque niche, les quatre ou cinq ratios économiques de leur unité perçue de ce fait, comme un univers proche et familier dans lequel il est plus facile de s'impliquer. A l'inverse « démassifier » l'entreprise qui devient une sorte de fédération de P.M.E.
- Développer le sens des responsabilités, mais aussi accroître le nombre des hommes responsables assurant mieux leur tâche, à leur niveau.
- Grâce à « l'appartenance duplex », centrer l'implication sur le « dedans » (l'atelier, le travail quotidien), mais également sur le « dehors » et ses contraintes économiques et techniques (les autres services, les clients, les fournisseurs, les concurrents).
- Faciliter la mise en œuvre d'une stratégie de projet d'entreprise par un bon enracinement local du micro-projet de chaque niche, à partir duquel on peut dire que le projet global a réussi (ou échoué).

Inconvénients ou risques

- Doubler certains postes à deux niveaux d'appartenance (par exemple : la cellule N et la cellule N − 1 voudront disposer d'un expert informatique).
- Echouer dans la stratégie « duplex » et par conséquent, susciter des appartenances exclusives, fermées sur elles-mêmes (dedans sans dehors), sortes de tribus conservatrices s'opposant au jeu de l'ensemble.
- Cellulariser à l'excès l'entreprise, rendant le management global inextricable et la structure fragile.
- Pour des raisons industrielles, échouer dans l'opération de chevauchement de la structure technique optimale et de la carte des niches. Par exemple : les chaînes de montage sont peu compatibles avec les niches sociales « semi-autonomes ».
- Se heurter à la sourde résistance de certains cadres déroutés par cette nouvelle organisation dans laquelle ils risquent de perdre du pouvoir.
- Braquer tous ceux qui peuvent voir dans cette stratégie, une « nouvelle invention de la direction pour manœuvrer le personnel ».

Conditions de mise en œuvre

- S'appuyer sur un personnel entreprenant à la recherche d'une organisation nouvelle, susceptible d'accroître le champ des initiatives locales (voir Stratégie du vide contrôlé).
- S'appuyer sur un encadrement compétent, peu sensible aux frustrations et angoisses qui découlent de cette nouvelle redistribution de pouvoir.
- Etre prêt à donner au personnel, une gratification morale et pécuniaire indexée sur les résultats positifs obtenus dans chacune des niches principales concernées.

Démarche et outils

1. Etablir un modèle d'organisation répondant idéalement aux impératifs techniques et économiques de l'entreprise.
2. Etablir la carte des unités d'appartenance existantes,
   (◯ : niche principale, ○ : niche secondaire). Par exemple :

Catégories / Strates	Dirigeants	Cadres supérieurs	Ingénieurs	Cadres administratifs	A.M. et T.	Ouvriers	Employés
Groupe	◯	○		○			
Société		◯	○	○	○	○	○
Etablissement		◯	◯	◯		◯	◯
Atelier					◯	◯	
Métier			◯		◯		◯

3. Rechercher l'organisation optimale où les exigences technico-économiques et sociales sont réconciliées. Cette recherche conduit à la désignation, par étape, de x unités de base en charge d'une mission de production ou fonctionnelle, ayant le statut de « niches principales ».
4. Procéder sans publicité.

   Première étape : expérimentation sur des unités où la mise en œuvre ne présente pas de difficultés sérieuses.
   Deuxième étape : extension progressive aux autres unités prévues par le plan. Certaines unités de production ou administratives peuvent rester hors du champ de cette stratégie.

5. Prévoir des mesures d'accompagnement ou de soutien : information généralisée, formation plus poussée, logistique adaptée, informatique décentralisée, système de rémunération indexé sur les résultats des unités, participation plus large aux décisions stratégiques.

STRATÉGIE TRIBALE

Stratégie fermée de motivation : 3ème mode dominant

- Nature du changement : Renforcer l'effet de « niche sociale » (ou unité d'appartenance).
- Personnes concernées : les membres de l'unité.
- Faisabilité : exige une opportunité et un chef ayant un certain charisme.
- Niveau de changement : réforme, rénovation, refondation.

Caractéristiques :

Susciter ou accroître la mobilisation d'une unité d'appartenance déterminée, par un engagement affectif du personnel sur des enjeux internes.

Au sens propre, « mobiliser » c'est « rendre mobile » ; la « mobilisation générale » consiste à transformer une masse de citoyens en « unités mobiles » prêtes pour le combat.

Cette mobilisation revêt deux caractéristiques :

1. Elle est collective. Elle ne porte pas sur une quantité vague d'individus, mais sur un groupe déterminé : une entreprise, un établissement, une usine, une fonction, un chantier… C'est l'ensemble du personnel de ce groupe qui est concerné par cette stratégie. La mobilisation porte sur des éléments culturels communs : le passé, les valeurs partagées, les coutumes, une certaine image du groupe, une certaine idée de sa vocation. L'identité collective se trouve de ce fait renforcée.
   Par sa logique propre, la mobilisation tend vers une « clôture » du groupe sur lui-même, vers le dedans, au détriment par conséquent du dehors, c'est-à-dire des réalités concrètes externes. Cette fermeture de caractère affectif opère par « fusion » des énergies individuelles dans un seul et même mouvement appelé improprement « projet ». Il s'agit plutôt d'une vocation, d'une ambition égocentrée et tournant quelquefois à l'égo-glorification nombriliste.
2. Elle est individualiste. La mobilisation n'atteint son objet que si, en théorie, chaque individu se mobilise lui-même personnellement c'est-à-dire s'engage volontairement (librement ?) dans le mouvement collectif. Il peut en oublier ses propres intérêts immédiats pour le plaisir de « se » donner dans les enjeux transcendants du groupe. Ainsi la stratégie tribale crée une sorte de communauté d'implication, une commune-union de relations culturelles et affectives. Le mot « tribu » est ici le signe de la

négation du dehors et de la survalorisation du dedans, d'où une fermeture et une appartenance fortes.

Cette stratégie est l'une de celles qui permet la plus grande production d'énergie collective. Elle peut et doit être utilisée :

- pour donner du souffle à des structures administrativo-mécaniques trop pesantes,
- pour servir de contrepoids à une organisation mercenaire trop tournée vers l'extérieur,
- et surtout dans certains cas particuliers (qui sont aussi des occasions à ne pas manquer) : arrivée d'un nouveau D.G., relance de la marque, transplantation de l'usine sur un autre site, mise en place d'une nouvelle chaîne de production, mise en œuvre d'un gros investissement... etc.

Exemple :

La grave maladie de M. Pottier, le fondateur P-D.G. de la Régionale de Fonderie a été ressentie par tout le personnel, comme une tragédie. Non seulement M. Pottier était apprécié en tant qu'homme et patron, mais son fils Bernard appelé à lui succéder n'a pas l'étoffe du père. Un dilettante, un intellectuel, pas un chef, dit-on.

Le secrétaire général, un vieil ami de la famille pressentit le premier le parti qu'il pouvait tirer de la situation : la prise de fonction de Bernard pouvait être l'occasion d'un sursaut général.

Après avoir obtenu le soutien de quelques collaborateurs alliés, le S.G. organise dans un premier temps des réunions informelles sur le thème « Profitons de l'arrivée de Bernard pour repartir de l'avant ». Des groupes de réflexion se créent spontanément et discutent des nouvelles méthodes de travail à appliquer dans les services et se risquent à élaborer des recommandations plus générales qui seront soumises à Bernard. Libérées de la puissante tutelle de M. Pottier, les initiatives vont bon train et portent tant sur la technique, que le commercial et les rapports sociaux.

Informé à distance de ce qui se trame dans la société, Bernard entre dans le jeu progressivement. Notamment, il donne son accord pour l'organisation dans la ville d'une sorte de manifestation-exposition centrée sur l'histoire de la Régionale de Fonderie. Un regard attendri sur le passé ! Avec la collaboration d'anciens, cette manifestation donne lieu à une mobilisation du personnel, de la population et de la municipalité. Assortie d'une journée « portes-ouvertes », l'inauguration de l'exposition coïncide avec l'arrivée officielle de Bernard dans l'entreprise. Son discours officiel prend un ton un tantinet « patriotique ». Le courant passe avec le personnel.

Quelques jours plus tard, Bernard annonce en réunion générale son intention de réorganiser l'entreprise à partir des recommandations qui lui ont été faites.

La confiance est revenue.

Avantages

- Créer un enthousiasme positif, un climat chaleureux et convivial ; développer un fort jeu commun enrichi de crédit d'intention ; favoriser le franchissement de la « ligne bleue de l'initiative » et de ce fait, compenser les tendances mécanistes ou mercenaires de l'entreprise.
- Redonner périodiquement un « coup de clairon patriotique » pour resserrer les rangs, se compter, se poser comme entité sociale autonome, par rapport aux autres groupes internes et externes. Renforcer culturellement la référence à la Marque et au Produit par une sorte d'exaltation des « totems-maison ».
- Répondre au besoin profond de certains salariés qui cherchent à **se donner** et même à s'abandonner dans un groupe, dans une aventure commune.
- Accroître la légitimité personnelle des dirigeants qui sont capables, par leur charisme de lancer et de conduire cette stratégie.

Inconvénients ou risques

- Créer une niche sociale, « plus fermée qu'ouverte », centrée sur ses démons internes : retour au passé, relations et valeurs figées, langage codé, incapacité collective à faire évoluer la culture, tendance à l'excommunication des déviants, absence de réactivité en temps réel vis-à-vis de l'extérieur, vieillissement...
- Arc-bouter le groupe sur un pseudo projet professionnel, plus mythique que stratégique.
- Pour un établissement, un service, un chantier, créer un îlot « autosatisfait » s'opposant aux autres unités, suscitant de la sorte des luttes d'influence et de compétence.
- Focaliser la synergie ainsi créée sur des réalités un peu vaines.

Conditions de mise en œuvre

- Profiter de situations propices (voir plus haut). Prévoir ces situations ; se placer en position de les utiliser au mieux ; susciter de toutes pièces des situations propices, par exemple : lancer une opération portes ouvertes, prévoir une manifestation « historique » à l'occasion du départ en retraite d'un vieux collaborateur.
- Faire précéder cette stratégie d'une bonne identification de la niche sociale considérée. Les moyens utilisés vont avoir pour effet de renforcer le « phénomène de niche principale » : est-ce bien ce que souhaite le management ?

STRATÉGIE DE COOPÉRATION MARKETING

Stratégie ouverte de motivation : 3ème mode dominant

- Nature du changement : changement culturel et de système. Chaque Unité d'appartenance devient l'initiatrice de sa propre stratégie d'ouverture au marché.
- Population concernée : les membres de chaque unité d'appartenance.
- Faisabilité : stratégie réservée aux entreprises d'unités de changement semi-autonomes vis-à-vis de leur environnement.
- Niveau de changement : réforme, rénovation.

Caractéristiques :

Faire descendre au niveau local l'approche marketing de l'entreprise et accroître la motivation du personnel vis-à-vis de l'environnement par une démarche globale où ces deux objectifs et les outils de mise en œuvre sont confondus.

La stratégie ECO est souvent un domaine réservé à la Direction générale et au Service marketing de l'entreprise. De ce fait, le personnel de terrain demeure relativement sous informé, peu motivé et distant vis-à-vis de l'environnement. La relation dedans/dehors lui paraît aller de soi ou devoir être traitée par d'autres. La provocation du dehors sur le dedans est traitée par le niveau supérieur qui en supporte seul les chocs et en amortit seul les effets.

La stratégie de coopération marketing se propose au contraire de développer et d'orienter la mobilisation du personnel de l'entreprise sur l'ECO par une perception **directe** et **impliquante** des enjeux liés à l'environnement.

- **Directe** grâce à la décentralisation de cette perception : chaque service ou équipe de l'entreprise analyse son environnement par segment qu'il détermine lui-même.
- **Impliquante** car le principe d'identification des segments est fondé sur l'existence des partenaires externes qui les représentent. La démarche se construit à partir du dialogue avec ces partenaires.

Pour une grande part, cette stratégie est la mise en œuvre particulière de la stratégie du vide contrôlé (voir cette stratégie).

Exemple :

Jusqu'à présent la Direction du Centre Hospitalier Régional de X assurait seule la communication avec l'environnement : les municipalités, la presse, les malades, les médecins de ville, les praticiens paramédicaux, les grandes disciplines scientifiques par l'intermédiaire des congrès et des revues médicales.

Dans le cadre d'une stratégie globale de vide contrôlé initialisé par le directeur du C.H.R. le chef de service de médecine générale (médecin) décide de se saisir à son niveau de la communication avec le dehors et de conduire à partir de son service, des actions de Relations Publiques, d'assistance, de partenariat... et même de promotion !

Les médecins, infirmières, aides-soignantes, assistantes sociales sont sollicités individuellement et en groupe pour élaborer :

- *dans un premier temps une carte de l'environnement comprenant tous les partenaires externes (parmi ceux-ci, les autres services de l'hôpital) selon que la coopération avec eux est plus ou moins souhaitable et facile,*
- *dans un deuxième temps, une liste d'actions à entreprendre avec chacun d'eux. Dans ce cadre, chaque partenaire extérieur est « pris en charge » par tel ou tel médecin ou infirmière.*

L'ensemble de l'opération est conduite par une équipe de pilotage présidée par le médecin-chef. C'est l'équipe qui rédige la note d'orientation de départ, qui stimule les études de marketing par segment, qui valide les actions à entreprendre, qui assure les relations officielles avec la direction du C.H.R., notamment en matière administrative et d'affectations budgétaires.

Avantages

- Gagner en créativité : par exemple, découverte de partenaires-clés négligés jusqu'alors, découpage original et plus pertinent des segments de clientèle.
- Accroître la pertinence des actions ECO par l'intervention des praticiens eux-mêmes, mieux placés pour juger des choses empiriquement.
- Développer le niveau de connaissance marketing et de faisabilité (mise en œuvre et coût) ; développer le sentiment de responsabilité et d'implication dans les relations externes, avec des partenaires « en chair et en os ».
- Renforcer la solidarité interne de l'unité d'appartenance et généralement renforcer le dedans face au dehors.
- Améliorer la réactivité de l'entreprise à son environnement dans le cas où son marché est trop évolutif et trop divers pour être pris en compte d'une façon centralisée.

- Pour cette raison, convenir notamment aux secteurs où les hommes de terrain ont une certaine indépendance professionnelle : chercheurs, médecins, informaticiens, enseignants, mais aussi aux secteurs de services : hôtellerie, grande distribution, loisirs.

Inconvénients

- Devoir surmonter des réticences dues à l'originalité de cette structure, au peu d'implication initiale des intéressés, au sentiment de frustration des responsables supérieurs, à la peur de l'échec pour les uns et les autres, aux habitudes de tous.
- Consommer du temps pris sur la production.

Conditions de réussite

- Confiance mutuelle entre les niveaux N et N-1 où s'applique précisément cette stratégie. Identité de vue sur les finalités poursuivies. Faible résistance administrative entre les niveaux.
- Bon niveau de management et de compétence marketing pour le responsable local de la stratégie.
- Existence préalable d'une unité d'appartenance forte.
- Un temps de production qui laisse des « trous » où cette stratégie peut se déployer.

Démarche

1. Plan général d'orientation marketing établi par la Direction générale.
2. Plan local d'orientation établi par les responsables des unités concernées.
3. Mise en place d'une équipe de pilotage.
4. Elaboration en sous-équipe professionnelle d'une carte de coopération marketing (voir outils).
5. Etablissement d'une démarche de partenariat « par couple » : une ou deux personnes « intra » assurent les relations / l'assistance / la promotion / la communication avec une ou deux organisations ou personnes extérieures, sous la forme, par exemple : d'échange de fichiers et de documentation, de conférences, de conseils, de communication sur des sujets sensibles, mais aussi bien entendu de prestations de services ou d'achat/vente de produits.
6. Assistance de l'équipe pilote.
7. Contrôle a posteriori de l'échelon N.

Outil de coopération

Il permet de situer sur les trois côtés d'un triangle les trois familles de partenaires externes avec qui coopérer :

– les partenaires - ressources (matières premières, moyens financiers...) qui sont à trouver aussi bien, hors, que dans l'entreprise,
– les partenaires - clients (idem),
– les partenaires professionnels exerçant une activité proche.

Ce triangle s'étage en profondeur selon quatre niveaux, le niveau 1 indiquant une coopération nulle et le niveau 4 une coopération poussée.

Exemple d'un grand constructeur automobile, dont la situation de partenariat se représente schématiquement ainsi :

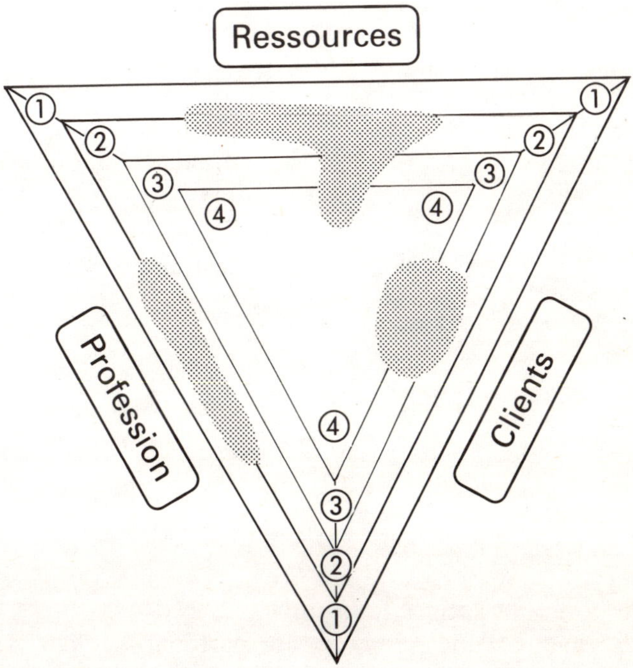

Une analyse de ce diagramme met en évidence :

- Pour les partenaires « ressources », un premier effort réalisé avec les fournisseurs et sous-traitants allant jusqu'au partenariat très poussé pour certains d'entre eux, (participations à des programmes de développement commun,...) ; cependant, ce noyau n'est-il pas fragile, compte tenu de la volonté d'expansion de ce constructeur ? Suivra-t-il la croissance ?

- Pour les partenaires « clients », un niveau de coopération élevée par l'écoute développée chez les concessionnaires ou par l'association des clients leaders à une politique après-vente compréhensive...
- Pour les partenaires « profession », une faible prise en compte : organismes normatifs nationaux ou internationaux peu connus, pas de joint-venture avec des concurrents, ignorance des écologistes... L'entreprise risque ici de ne pas anticiper une mutation majeure du marché.

STRATÉGIE DU VIDE CONTRÔLE

Stratégie ouverte de composition et de motivation : 3ème mode > 2ème mode > 1er mode, ce dernier n'intervenant que si les deux autres sont défaillants.

- Nature du changement : créer les conditions d'une plus grande implication du personnel dans le changement.
- Personnes concernées : les coopérants.
- Faisabilité : exige une grande maîtrise du management.
- Niveau de changement : réglage, réforme, rénovation.

Caractéristiques :

Par un double mouvement de reculs et de retours successifs, libérer des espaces nouveaux d'initiatives pour le personnel (recul), tout en conservant le contrôle en cas de défaillance (retour éventuel).

Transposée de la théorie du Yin et du Yang cette stratégie se veut doublement génératrice. D'abord, **d'initiatives utiles** par le « vide » relatif qu'elle crée devant les partenaires. Ensuite, de **stabilité** par le « plein » qu'elle structure dans les vides laissés par les partenaires. Dans la culture chinoise, le Yin (vide, liberté, indétermination, chaos) est la matrice du Yang (être, matière, vie, lumière) lequel retourne au Yin dans un mouvement cyclique permanent : la nuit « engendre » le jour qui engendre la nuit ; la mort engendre la vie... etc.

Sur la figure symbolique du Tao, toute parallèle glissante (ab, a'b') met en évidence que le Yin croît à mesure que le Yang décroit et inversement, et ce pour la mystique chinoise, dans un univers extensible à l'infini.

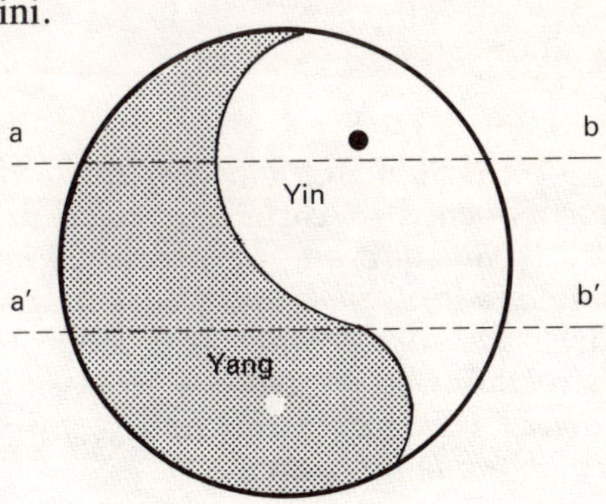

Appliquée au management, cette démarche concilie deux stratégies opposées :

- Celle du plein (ou Yang), dans laquelle le responsable se dit plein de droit, de pouvoir, de certitudes, d'initiatives, de privilèges. Toute institution n'est-elle pas présumée coupable de… trop plein ? Inconvénient majeur : tout l'espace étant occupé, les autres acteurs du changement se soumettent passivement ou s'insurgent et, par conséquent, ne franchissent pas la « ligne bleue » de l'initiative positive. C'est la stratégie du « Faire » qui se transforme vite pour le chef en stratégie du « Tout faire ».
- Celle du vide (ou Yin) dans laquelle le responsable met entre parenthèses ses droits, ses pouvoirs… ouvrant ainsi à ses partenaires des « espaces » de liberté et d'initiatives. Inconvénients majeurs : ses partenaires laissés à eux-mêmes peuvent prendre des dispositions désastreuses. C'est la stratégie du « Laisser faire » qui conduit souvent au « Laisser aller ».

La stratégie du Tao privilège le Yin, donc le vide « mère des dix mille êtres » (Lao Tseu), mais pas au point de laisser le chaos entretenir le chaos. Elle joue l'effacement mesuré devant toutes les initiatives positives des partenaires. Elle n'est pas abandon, ni dépossession, mais créatrice d'un « vide contrôlé » qui appelle l'initiative. Elle est repli, mais repli élastique : le Yang reprend immédiatement sa place et sa force, face à toute absence d'initiative des partenaires ou tout manquement grave ou erreur majeure.

« Jouer dans les vides laissés par son partenaire » est une pratique commune du jeu de Go.

Au service de toutes les « spontanéités naturelles », le jeu mutuel du vide et du plein peut être utilisé avec des arrière-pensées politiques : « Le roi, dit Lao Tseu, est pensif et se tait sur ses œuvres afin que le peuple s'en dise l'auteur ».

Exemple :

M. Roger, P-D.G. d'une grande entreprise de tourisme et de vacances avait commencé sa carrière avec le profil d'un patron « pense-à-tout ». Il faut dire que les premières années avaient été difficiles. Actionnaire principal, initiateur du projet, un tantinet autoritaire, il dépensait sans compter, son temps, son imagination, son travail, ses relations. Comptable le week-end, en voyage une semaine sur deux, vendeur, publicitaire, animateur d'équipe, M. Roger jouait l'homme orchestre.

Une courte maladie lui fit découvrir que ses collaborateurs, libérés de sa présence trop active, pouvaient prendre des initiatives heureuses. Il en fut d'abord vexé, puis habilement, il imagina un scénario de repli progressif contrôlé.

Il n'utilisa pas le mot « délégation » qu'il trouva... ringard ! « Le délégataire pèse toujours trop dans la délégation » disait-il.

Il préféra une stratégie de délégation implicite, née des vides créés par ses absences répétées. Avant chaque voyage, il avait soin de préparer le comptable à ce qui pouvait arriver, et d'aider par anticipation les commerciaux et les animateurs à faire face aux situations nouvelles. Ses absences obligeaient ses collaborateurs à réagir, librement, en temps réel, tout en respectant le fil directeur du projet général de l'Agence : « Voyages tout service ».

Peu à peu, M. Roger constata qu'il se faisait « voler »... l'établissement des tarifs, la confection des documents publicitaires, le choix des animateurs, les nouveaux produits de vacances et même la politique sociale. Toujours là au moindre coup de fil, très présent lors des séminaires et réunions de travail, très proche dans le privé de ses principaux collaborateurs, M. Roger lance aujourd'hui une société d'informatique.

L'espace d'initiative global s'est considérablement accru, au bénéfice de chacun et pour une meilleure compétitivité de l'ensemble.

Avantages

- Laisser le libre champ à toutes les initiatives spontanées utiles, tout en réduisant ce champ dès que les partenaires sont défaillants ou exagérément déviants.
- Créer un climat général où « l'initiative » est une valeur forte.
- Permettre à chaque salarié de donner sa pleine mesure dans son travail (qualité, production...) et dans ses relations « intra et extra » ; et plus généralement aider le corps social à devenir « adulte ». Cette stratégie illustre ce propos Holderlin : « Dieu créa l'homme, comme la mer fit les continents, en se retirant ». Conséquences : les attentistes sont moins nombreux et les attitudes passives mal considérées.
- Encourager le changement par le jeu naturel de toutes les forces vives de l'entreprise et par conséquent économiser l'énergie de la seule direction ; tous les partenaires de la relation ont gagné du pouvoir et la direction plus de liberté pour répondre aux sollicitations externes.

Inconvénients ou risques

- Laisser se développer des initiatives spontanées, maladroites, inadéquates, ou mal coordonnées qui peuvent créer un état de désordre dépourvu d'objectifs globaux. Ce sont là des risques qui découlent de la part du « deuxième mode » de cette stratégie.

- Dans le cas de la culture française : déposséder l'institution de certaines de ses prérogatives techniques, sociales, managériales et de certains de ses privilèges, donc fragiliser l'entreprise dans ses structures traditionnelles.
- Pour certains membres de l'encadrement ayant atteint leur seuil de Peter : perdre du pouvoir et de l'influence sans possibilité de reconstitution.

Conditions de mise en œuvre

- Pour l'équipe de direction : s'assurer du même et bon niveau d'adhésion de tous au principe de cette stratégie et sur chaque point d'application.
- Exiger une forte compétence de la hiérarchie doublée d'une forte humilité professionnelle et personnelle. Se rappeler qu'il faut peu de pouvoir pour l'exhiber et beaucoup pour y renoncer.
- Exiger beaucoup de sang froid, pour laisser les partenaires faire leurs expériences et intervenir au bon moment, ni trop tôt, ni trop tard, si l'expérience risque de s'achever par un échec.
- Avoir une ferme volonté de changement portant sur tous les aspects du management : organisation, stratégie, relations sociales, rémunérations...
- Insérer cette stratégie dans un climat de bonne relation, fondé sur un fort crédit d'intention et un fort jeu commun.
- Soutenir les initiatives pour qu'elles réussissent et que les auteurs en tirent une « gloire » personnelle.
- Annoncer à mi-voix l'intention de mettre en œuvre cette stratégie et ne pas chercher à en faire un bilan public avant qu'elle ne soit devenue un trait essentiel de la culture.

Démarche et outils

- Etablir régulièrement le diagnostic synergie / antagonisme, par groupes de partenaires et par points d'application.
- Pratiquer la démarche vide / plein ci-contre :

1. Stratégie de vide

- décider en équipe de direction avec quel partenaire cette stratégie peut être mise en œuvre, et sur quels points d'application particuliers et par quels moyens, par exemple « la délégation à rebours » (voir plus loin),
- établir un dossier de suivi par point d'application,

– prévoir une démarche ponctuelle d'information, de formation et de réorganisation éventuelle, afin que les initiatives aient plus de chance de réussir.

2. Stratégie du plein

– éventuellement, décider en équipe de direction des points d'application sur lesquels les responsables reprennent l'initiative et comment est jouée cette mesure de sauvegarde.

Outil :

La « délégation à rebours ». Cet outil privilégié de la stratégie du vide contrôlé consiste à organiser la pyramide des responsabilités à partir du niveau hiérarchique le plus local possible, lequel s'approprie toutes les tâches et prend toutes les initiatives qu'il peut assurer dans de bonnes conditions de qualité et de prix, les autres tâches étant remontées au niveau supérieur, et ainsi de suite, jusqu'à la Direction générale.

Cette méthode de type « bottom up » s'oppose à la délégation classique de type « top down » où un niveau N délègue, en 1er mode, aux niveaux N-1, N-2,... les tâches qu'il ne veut ou ne peut assurer lui-même. A l'inverse ici, c'est en quelque sorte le niveau N-1 qui délègue une tâche au niveau N, après avoir administré la preuve de son incapacité de la traiter dans de bonnes conditions. La délégation à rebours octroie un droit nouveau aux niveaux inférieurs, celui de s'approprier librement les tâches professionnelles et périphériques qui relèvent de leur mission. C'est donc aux niveaux inférieurs que revient l'initiative de définir la hiérarchie des tâches et des fonctions sous réserve bien entendu de l'aval du niveau le plus responsable.

Mieux : toute tâche « centralisée » pouvant être assurée par une unité locale qui en fait la demande, la tendance générale conduit à « toujours plus de rameurs et moins de barreurs ».

STRATÉGIE DE PROJET ECO-EGO

Stratégie ouverte de motivation : 2ème mode et surtout 3ème mode dominants

- Nature du changement : accroître le sens des responsabilités **globales** du personnel.
- Personnes concernées : en principe, toutes.
- Faisabilité : voir les conditions de mise en œuvre.
- Niveau de changement : réforme, rénovation, refondation.

Caractéristiques :

Arc-bouter l'engagement affectif des individus sur un même point focal où les exigences du dehors et du dedans sont conciliées.

Le mot « projet » possède plusieurs sens. Rapporté au modèle Eco / Ego, on peut lui en trouver au moins quatre :

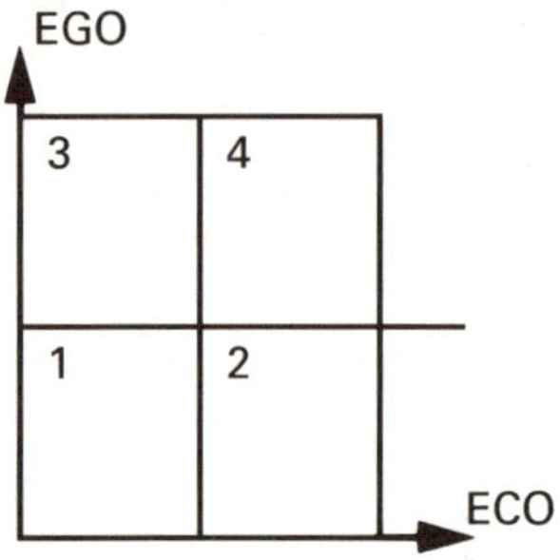

1. Raison d'être : ce « par quoi » les individus entendent trouver une réponse individuelle à leurs besoins et désirs.
C'est un sens utilitaire et pauvre qui induit plutôt des idées de plan et de programme minimum.

2. Mission, tâche, contrat : ce « sur quoi » certains individus se polarisent personnellement. C'est un sens restreint au domaine professionnel, excluant une vue d'ensemble, et qui induit l'idée de « chantier » « d'affaire », de service à assumer (voir stratégie de mercenaires).

3. Vocation, dessein, visée, destin : ce « pourquoi » une communauté d'hommes s'engage. C'est un sens restreint au domaine culturel ; le projet est considéré comme la réponse à un appel du destin et induit l'idée de valeurs fortes à défendre et à faire partager (voir stratégie tribale).

4. Défi, challenge collectif, aventure communautaire dans le monde : ce « en fonction de quoi » des hommes cherchent à dépasser leurs propres limites et celles de l'entreprise dans un environnement mi-complice, mi-agressif. C'est un sens global riche ; le projet est considéré comme une sorte de provocation que chacun se lance à soi-même pour que tous réussissent. Il induit les idées d'holomorphisme et d'autonomie.

C'est évidemment ce sens qui est pris en considération dans la stratégie de projet Eco-Ego qu'on peut définir comme l'ensemble des moyens et des actions permettant au plus grand nombre de s'approprier, avec l'entrepreneur, les fonctions globales de l'entreprise qui consistent à maîtriser son dehors par son dedans.

Le projet doit remplir certaines conditions : être simple dans son libellé, général dans son objet, nécessaire face à l'Eco, reconnu par tous comme une manifestation de l'Ego, équitable, ludique et plus affectif qu'intellectuel.

Les thèmes choisis sont généralement :

1. « Nous » par rapport aux autres : Devenir le premier ! Rester les seconds ! Etre les meilleurs !
2. « Nous » par rapport à nous : Toujours en progrès ! Mieux que le mois passé ! Plus que l'année dernière ! Ensemble ! (Ces thèmes conviennent mieux pour le sens 3).
3. « Nous » au service d'une grande idée : la Survie ! la Qualité ! L'usine de demain ! Réduire les coûts ! L'un des meilleurs thèmes Eco / Ego pourrait recevoir la formalisation suivante : Etre la référence !

Exemple :

Menacée de disparition, une entreprise de textile se dote d'un projet « survie » : chaque salarié donne le meilleur de lui-même (et au-delà) pour que la firme redevienne une organisation performante : l'absentéisme diminue, la production s'accroît, la qualité s'améliore, de nouveaux tissus sont commercialisés, l'entreprise change son image... elle est sauvée !

Les salaires ont été bloqués pendant quatorze mois et pourtant le personnel sort de l'épreuve plus dynamique que jamais.

Conditions de mise en œuvre

- Exiger pour la direction, de bonnes qualités de management : tonus communicatif, aptitude à fédérer, écoute élevée, charisme...
- S'appuyer au départ sur un personnel et un encadrement déjà sensibilisés aux réalités Eco / Ego.
- Profiter d'événements internes ou externes et notamment d'une provocation venant du dehors pour déclencher le processus de sursaut collectif.
- Prendre appui sur une bonne stratégie de niches sociales.

Démarche

La stratégie repose sur une démarche plus « bottom up » que « top down » et s'articule autour de quatre règles fondamentales :

1. Elaboration d'un pré-projet socio-économique fixant les données de base et les axes d'action.
2. Recherche participative et appropriation par les membres des unités d'appartenance concernées de micro-projets locaux emboîtés dans le pré-projet. Ceux-ci se concrétisent sous la forme d'indicateurs de performance à atteindre dans des délais.
3. Animation des micro-projets par la direction qui donne aux unités locales le soutien logistique nécessaire, pour que les micro-projets réussissent.
4. Emergence (x mois ou années plus tard) du Projet proprement dit qui devient ainsi « la réponse libre du corps social à l'appel de la direction ». Nous sommes bien dans une approche « bottom up ».

Quelques conseils, en passant…

« Y a-t-il un pilote dans l'avion ? »
→ ***N'espérez rien de bon d'un changement conduit sans pilote***

L'impréparation prépare un désastre ; l'ultra mise au point crée de fausses certitudes
→ ***Articulez solidement les séquences d'UNE stratégie pertinente***
Travaillez soigneusement DES tactiques alternatives

A vouloir d'un saut franchir un fossé trop large, on tombe dans le trou
→ ***Optez pour des changements à échéances courtes, bien proportionnés aux capacités du groupe***

Les conditions initiales du changement déterminent la suite du parcours
→ ***Soignez les premières phases du changement et la communication de lancement***

Les discours lassent sans convaincre
→ ***Communiquez à coups d'événements, qui sont autant de repères plus vrais que les mots***

Un seul fil bien tiré désemmêle un écheveau de laine
→ ***Trouvez la macroforce-clé susceptible d'entraîner tout le changement***

Le temps ne pardonne pas ce qui est fait sans lui
→ ***Préférez une évolution conduite résolument à une révolution brutale***

Le moindre caillou fait glisser le pied hésitant
→ ***Prenez appui sur chaque obstacle pour rebondir plus loin***

Le feu couve lentement, s'étend par quartier jusqu'à l'embrasement
→ ***Maintenez la pression jusqu'au bout***

Le but, c'est le chemin
→ ***Préférez la flèche à la cible et visez l'horizon***

Chapitre 7

LES PARCOURS DE CHANGEMENT

Une pause technique, S.V.P.

« Pouce ! » Le chapitre précédent, interminable au sens propre, nous a préparé à l'action. Au moyen de zooms successifs rapprochés nous sommes passés d'idées générales au champ infini des stratégies et à la variété des approches opérationnelles. Un pas supplémentaire et nous serons en mesure de construire des scénarios ou parcours de changement.

À l'occasion du premier chapitre, nous avons sondé les fondements du changement, considéré comme le mouvement même de la vie, mouvement naturel et volontaire auquel l'entreprise ne peut échapper. Agir et s'abstenir sont également causes de changement. Toute action provoque certes un changement, mais chaque non-action laisse le champ libre à n'importe quel changement aléatoire qui découle de la nature des choses livrées à elles-mêmes. L'inaction n'est jamais innocente.

N'est pas innocente non plus, l'approche classique qui consiste à gérer le changement, par réglage, au moyen d'une série de coups de marteaux et de tours de clés, ici et là. De proche en proche chaque action rétablit ou perturbe l'équilibre précaire du tout. Le changement a toujours une implication globale, pourquoi ne pas en tenir compte, résolument ?

Les chapitres II et III furent consacrés à ce « tout ». « La physique » et « les grands axes du changement » nous ont permis dans un premier temps de descendre au niveau atomique, là où apparaissent les forces (micro et macroforces) qui sont les objets primordiaux sur lesquels porte toute action de changement. Ces forces inter-connectées dans des systèmes complexes furent comparées à de véritables flux d'énergie au service du dedans et du dehors de l'entreprise. Dans un deuxième temps, le « tout » nous est apparu comme le champ de force singulier, possédant une forme ou profil d'autonomie bien identifiable qui répond plus ou moins aux pressions du dehors tout en préservant les exigences du dedans. De ce fait, le profil est plus ou moins performant. Le changement va consister à déformer un profil initial, donc « à déplacer » des forces, afin d'obtenir une forme finale capable d'optimiser la relation que l'organisation entretient avec son environnement. Le chapitre III aurait pu s'appeler « Finalité et objectifs du changement ».

« L'équation du changement » fut pour nous l'occasion de clarifier les relations fonctionnelles que les facteurs du changement entretiennent les uns avec les autres. **La performance est apparue comme le rapport entre, d'une part une Volonté de changement (coefficient V) utilisant des modes, des stratégies et des tactiques s'appliquant sur un champ de microforces, et d'autre part un contre-flux de gluons offrant une résistance plus ou moins forte au changement**.

Le chapitre V, consacré aux modes et stratégies a présenté les trois manières exclusives de changement et entrebaillé la porte aux nombreux logiciels opérationnels possibles. Les modes combinés entre eux composent le style particulier du changement ; celui-ci requiert à son tour le service de x stratégies dont on n'a pas fini d'épuiser les mérites et la variété. Une « strathèque » est en cours de constitution (Chapitre VI).

Nous en sommes là. Le chapitre suivant est consacré à l'élaboration du parcours que la « boule » du changement va emprunter pour choquer telles et telles microforces, les déplacer, les transformer, les composer autrement, pour obtenir le résultat global désiré. Mais, fidèles aux principes suivis jusqu'à présent, nous devons subir jusqu'au bout les conséquences de l'approche globale[1]. La globabilité de l'action sur le terrain va cette fois concerner les quatre leviers ou moteurs auxiliaires du changement qui excluent (à leur niveau) tout autre énergie subsidiaire. Le parcours va s'auto-alimenter par activation de certaines microforces, elles-mêmes regroupées entre quatre grandes familles, ou leviers, qui couvrent tout le fonctionnement de l'entreprise. Ce seront les structures, les systèmes, la culture, le management. Voyons cela de plus près.

1. Chaque « plan de globalité » épuise à son niveau le thème concerné : les plans *Dedans/Dehors – Un/Multiple – Ordre/Désordre – Synergie/Antagonisme – Institution/Corps Social* sont à leur niveau, sans concurrence. Chaque plan, bien entendu, accepte, suscite et nourrit ses propres contradictions, érige ses principes de fonctionnement.

Les quatre leviers du changement

La jungle des micro et macroforces, secondaires ou clés, enchevêtrées, combinées ou opposées, relève malgré tout d'une logique fondamentale : toutes les forces de l'entreprise sont plus ou moins matérielles et immatérielles d'une part et invariantes ou mobiles d'autre part. Cette catégorisation permet de distinguer les parcours opérant plus ou moins dans ce qui relève des choses « physiques » et celles de « l'esprit », et travaillant dans le « dur » et le permanent par opposition au circonstanciel.

Cela nous donne la matrice suivante :

Forces	invariantes	mobiles
immatérielles	Culture (Air)	Management (Feu)
matérielles	Structures (Terre)	Systèmes (Eau)

Ces quatre leviers de changement sont aussi des principes vénérables. Ils nous viennent du fond des âges, à peine ridés. Ne croyez pas ceux qui vous disent que les philosophes antiques, orientaux ou grecs sont seulement des poètes, ou alors il faut admettre que leur intuition tient du prodige. Six siècles avant J.C. la Terre était perçue par Phérécyde comme la structure invariante matérielle sur laquelle le monde est construit, Thalès lui, faisait du cycle de l'Eau, le système fondamental de la vie, Anaximène pensa que l'Air animait le monde, Héraclite vit dans le Feu le principe du mouvement universel ; Empédocle ajouta que ces quatre éléments entremêlés se livraient une lutte d'amour et de haine et que tout changement tendait, de ce fait, à la fusion dans l'Un ou à la dislocation dans le Multiple. Reconnaissez que vingt cinq siècles plus tard la physique moderne dit à peu près la même chose.

1. Les structures

Les auteurs ont toujours eu quelques difficultés à définir précisément les structures et les systèmes. Le parti pris précédent rend la tâche plus aisée. Les structures concernent ici, tout ce qui dans l'entreprise est « matériel » et « invariant » sachant que la matérialité des choses est indubitable et que l'invariance est toujours plus ou moins relative et confine au « mobile ». Les listes présentées en annexe donnent un aperçu de ces microforces.

Qui douterait de la matérialité et de l'invariance relative de l'identité juridique, de la localisation, de la position sur le marché, de la technologie utilisée, des produits fabriqués...? Les services rendus à la clientèle relèvent de cette catégorie, puisqu'ils sont observables, comme des objets physiques. Le statut du personnel dans l'Administration notamment, paraphé par les partenaires sociaux, est quasi intangible.

2. Les systèmes

Toujours physiques, les systèmes sont mobiles ; ils peuvent être mus facilement ou déplacés, mais ils sont aussi capables de se mouvoir par eux-mêmes. Sont ici concernés les flux et les circuits de toute nature qui introduisent le mouvement au sein des structures : flux de matières premières, d'argent, de produits finis, de procédures techniques, administratives, sociales. Relèvent de cette catégorie la « matérialité administrative » des flux de recrutement, de formation, de décision, mais aussi les circuits veillant à la bonne exécution de la production et de la qualité.

Plus encore que les structures, les systèmes sont interconnectés, rétro-agissant les uns sur les autres formant ainsi des « systèmes de circuits » et des « systèmes de systèmes » assurant les relations physiques avec le dehors. C'est dire leur importance.

Ils constituent l'ouverture matérielle de l'entreprise avec son environnement par un continuum de flux qui circulent dans les deux sens. On comprend mieux le rôle privilégié assuré par le marketing sur tous les circuits qu'il s'agit de contrôler et de piloter en fonction des réalités du dehors. On notera également le rôle dominant des services fonctionnels de l'entreprise qui cherchent chacun pour leur part à maîtriser un ou plusieurs circuits. De ce fait, ils interviennent transversalement au cœur des structures hiérarchiques plus stables.

3. La culture

Immatérielle et invariante, la culture est « dans la tête des gens ». Grille de déchiffrement du monde, elle est à l'origine de notre rapport à la réalité. Nous la définirons comme le **sens commun** donné aux choses physiques (structures et systèmes) et attribué au style de management. Reprenant les quatre définitions du mot « sens », elle est la sensation, la signification, le sentiment et la direction (ou projet) de tout ce qui est et se fait dans l'entreprise. Plus concrètement, elle se traduit par un champ de valeurs partagées, portant sur des habitudes, des coutumes sociales, des pratiques professionnelles. Elle est le vécu des choses, celui-ci pouvant être différent selon les catégories de personnel.

Si le travail professionnel et physique relève des structures ou des systèmes, le « vécu » de ce même travail est culturel. Pour les uns ce sera une sorte de défi sportif exaltant, et pour les autres une... souffrance. Voilà retrouvé le sens propre du mot travail : de « trépalium », instrument de torture.

Mais d'une façon générale, la culture crée un authentique consensus autour de tout ce qui touche au produit, au métier, à l'image de marque de l'entreprise, à l'identité sociale. Ces microforces là, sont conservatrices, dans le sens où elles maintiennent la cohésion sociale en dépit de tous les changements de l'environnement.

Une précision : certaines microforces culturelles, possèdent une part de matérialité et sont donc observables directement. C'est le cas des pratiques et coutumes. Mais cette matérialité pèse peu en regard du vécu qu'elles sous-tendent et que nous prenons en compte dans la culture.

4. Le management

Bien entendu, c'est par assimilation que le management est dit immatériel et mobile. Tel le feu d'Empédocle, il recycle la terre, l'air et l'eau, continuellement, en autre chose. Il est l'énergie primordiale, le générateur de tous les comportements et des stratégies adoptés par une direction pour faire bouger les choses. Il est la canne du joueur de billard. Il conduit l'action directement sur les systèmes et les structures. Par son exemplarité et son discours normatif, il agit également, sans intermédiaire, sur la culture.

Le management dispose d'un autre atout, celui d'affecter les hommes, selon leur style, aux postes de pilotage du changement.

Le protocole du changement

L'élaboration d'un parcours est une affaire d'intuition, pas de calcul. La théorie générale de changement exposée ici nous permet malgré tout de passer d'une démarche informelle à un protocole plus élaboré, autrement dit d'enrichir l'intuition par un système d'activation de la créativité. Le protocole est plus un stimulant critique qu'un rail rigoureux. Il permet un dialogue fécond entre les penchants naturels du décideur et les mille facettes de la réalité. Plus grand est le talent, plus utile est le protocole, surtout s'il est suivi avec discernement.

LES ÉTAPES DE CONSTRUCTION D'UN PARCOURS DE CHANGEMENT

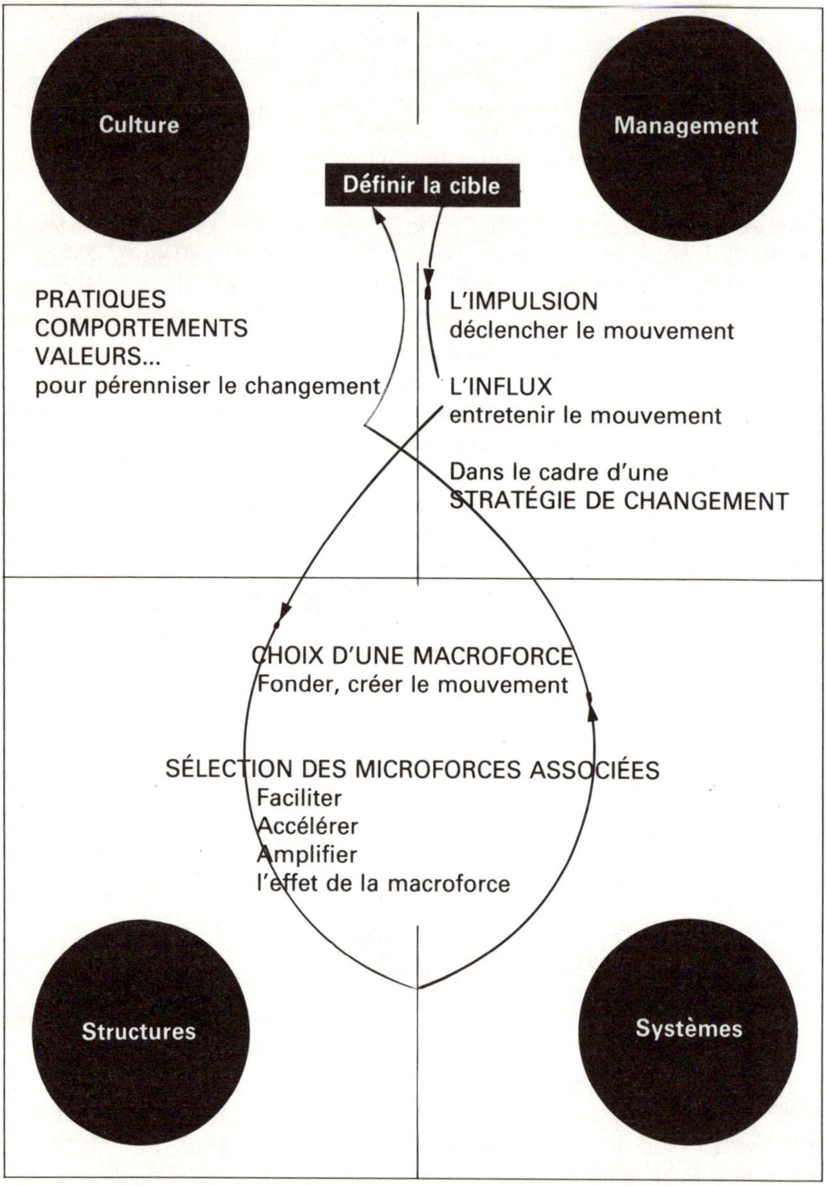

Le protocole comprend dix séquences :

1. Définir le champ d'application du scénario de changement : par exemple, l'entreprise, une direction fonctionnelle, un établissement, mais aussi une catégorie professionnelle ou sociale. Au besoin, identifier des champs plus larges dans lesquels s'inscrit le problème à résoudre : le Groupe pour une société, le marché pour une entreprise commerciale. L'élargissement des champs permet de mieux saisir les contraintes externes agissant sur la cible.

2. Déterminer la cible à atteindre ou l'objectif de changement, par exemple, améliorer les prestations du service de maintenance.

La cible est déterminée à partir d'une analyse critique de la carte dedans/dehors, laquelle met en évidence trois classes de changements possibles :

- l'anomalie de position d'une microforce, par exemple, une direction générale exclusivement tribale,
- le dysfonctionnement entre plusieurs microforces, par exemple les procédures d'achats groupés traitées d'une façon mécaniste s'opposent à la politique holomorphe de gestion des marchandises au niveau des rayons d'un hypermarché,
- le profil général d'autonomie qui doit répondre aux exigences du dehors et faciliter une bonne gestion du dedans ; par exemple, le profil est trop introverti dans le premier cas et trop mercenaire dans le deuxième cas.

La cible est quantifiée si possible au moyen d'indicateurs appropriés.

3. Établir la plateforme des microforces

- pertinentes, donc concernées de près ou de loin par l'objectif,
- internes et externes,
- actuelles et inédites, donc à susciter,
- de structures, de systèmes, de culture et de management.

4. Sélectionner les microforces-clés : en plus d'être pertinentes, elles sont susceptibles de grand effet. L'effet maximum découle de la double propriété suivante : influencer fortement d'autres microforces et être en retour peu influencées par elles. Les microforces structurelles comme la technologie industrielle, l'organisation hiérarchique, le partenariat financier sont dans ce cas. C'est peut-être le cas également de microforces de systèmes et de culture, comme les circuits d'information, les procédures administratives et les « valeurs-maison » à fort impact. C'est aussi celles qui mettent en mouvement les acteurs-clés du changement.

5. Imaginer plusieurs hypothèses de changement (ou macroforces). L'ordre dans lequel les microforces-clés peuvent être activées, leur combinaison, la dynamique donnée à l'ensemble

EXEMPLE DE PARCOURS DE CHANGEMENT

Champ : Une raffinerie de sucre-usine de 700 personnes.

① Les plaintes des clients se multiplient. Elles portent sur la qualité et les délais. A cela s'ajoutent des pertes de production importantes dues à un certain laisser-aller.

② La Direction générale sollicite un diagnostic qui conclut :

- usine à « profil tribal » coupée du dehors,
- un service de maintenance et des ateliers soumis à des hiérarchies différentes,
- un management bon enfant (2e mode dominant).

Cible : Au moyen d'une restructuration de l'organisation, de modifications de systèmes et d'un changement culturel, obtenir « un meilleur fonctionnement technique des ateliers ».

③ Changement autoritaire du Directeur local, pilote du changement.

④ Choix d'une stratégie comprenant :

- un renforcement « mécaniste » rendu nécessaire par le fonctionnement brouillon des ateliers,
- un jeu « mercenaire » subtil notamment avec M. Dentan et les nouveaux embauchés,
- un soupçon de stratégie de « projet Eco/Ego »,
- Le style général du changement est :

1er mode	2e mode	3e mode
5	2	2

⑤ Changement structurel radical : le service de maintenance est supprimé. Les fonctions quotidiennes sont intégrées dans celles des ateliers lesquels sont dotés d'un système renforcé d'assistance par ordinateur.

⑥ Cette décision donne lieu à une série de mesures sur les systèmes, ayant pour but, à la fois, de redéfinir des normes rigides minimales, et de dégager des espaces d'initiatives et d'engagement personnel.

⑦ Ces actions aboutissent à terme, à organiser des ateliers plus sensibles aux impératifs techniques de tous les autres et, en bout de chaîne, aux exigences commerciales du marché. Cela conduit à renforcer certaines valeurs professionnelles négligées vers plus d'holomorphisme.

⑧ → Cible.

Volonté : Le « coefficient de volonté » attribué au management pour faire aboutir ce parcours de changements n° 1 est de : 1,2.

Champ *Raffinerie*	**Cible du changement** *Améliorer le fonctionnement technique des ateliers*	**Parcours** *1*	**Volonté** *1,2*

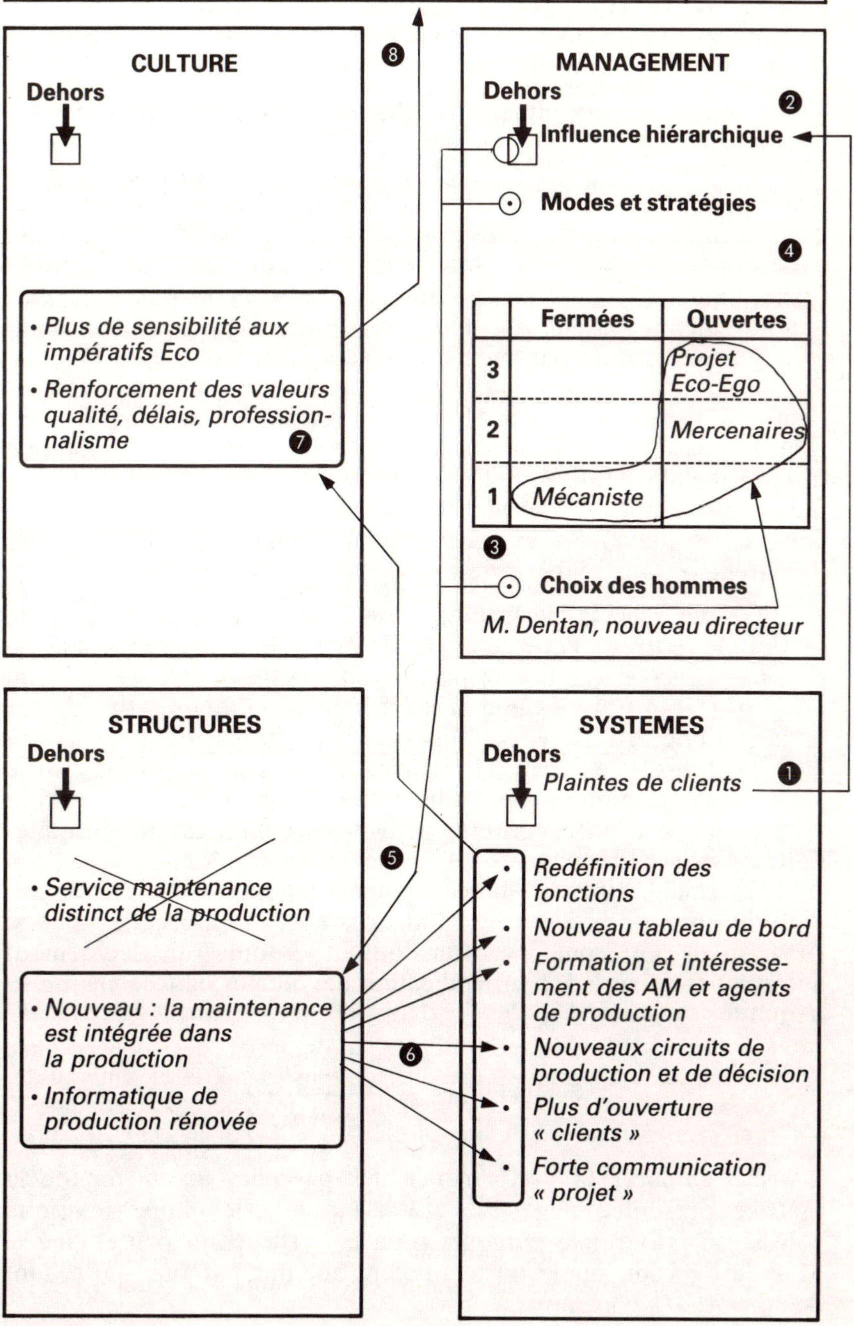

constitue une macroforce. L'art de la combinaison en **macroforce à bon effet** est une fonction de la stratégie. Choisir une macroforce, c'est faire une hypothèse de départ : le changement I sera plus centré sur les ressources humaines, le changement II utilisera davantage de moyens administratifs, le changement III jouera de préférence sur les techniques de production.

6. Élaborer pour chaque hypothèse, le parcours détaillé correspondant au scénario de changement. Celui-ci est le tracé physique qui relie sur la plateforme, les microforces. Le parcours a pour origine le management, donc le mode et les stratégies employés, et pour terme, l'objectif. Entre les deux, le parcours effectue un carambolage qui relève des lois de la mécanique des chocs, sous la forme linéaire d'une succession de causes et d'effets, et plus généralement sous une forme arborescente, voire explosive.

Un exemple de parcours est présenté pages 140 et 141.

L'élaboration des hypothèses de départ et des scénarios résulte d'une comparaison itérative entre tous les parcours souhaitables, possibles et économiques. Quelle que soit la méthode utilisée, l'élaboration se fait toujours le « nez rivé » sur une feuille d'évaluation a priori, qui préexiste dans l'imagination du décideur. Chaque décideur se crée lui-même une échelle de valeur. Cette démarche a pour seul but dc l'y aider.

7. Apprécier la performance de chacun des scénarios selon le double critère d'efficacité et d'engluement, évoqué dans le chapitre IV consacré à « l'équation du changement ». Le tableau de la page 144 propose une grille d'évaluation quantitative de ces deux paramètres. Dans certains cas, les critères retenus peuvent être pondérés les uns par rapport aux autres, par exemple le critère « exécution pratique » peut être valorisé par rapport au critère « influence ». D'autres critères peuvent être ajoutés, par exemple, l'effet « macro-gluon ».

Ce calcul est plus indicatif qu'arithmétique. Il n'a d'autre ambition que de préciser les tendances et les rapports de valeurs, sur lesquels porteront l'esprit critique et l'intuition du décideur. Il aboutit à la fixation d'un indicateur de performance, clé de la démarche :

$$\textbf{Performance} = \frac{\textbf{efficacité}}{\textbf{engluement}}$$

8. Comparer la performance des parcours au moyen de la matrice présentée page 145. Bien entendu le choix théorique consiste à préférer le parcours réputé « efficace et peu englué ». Mais la décision finale porte souvent sur des parcours possédant des propriétés contraires.

Préférez-vous un parcours peu efficace mais facile ou très efficace et difficile ?

Par exemple : **Parcours III** $= \dfrac{\textbf{efficacité}}{\textbf{engluement}} = \dfrac{\textbf{45 \%}}{\textbf{13 \%}}$

ou

Parcours II $= \dfrac{\textbf{78 \%}}{\textbf{55 \%}}$

De nombreux parcours peu efficaces et faciles, mais conjoints et successifs, articulés dans un macro-scénario cohérent, sont susceptibles de hausser la performance à un plus haut niveau d'efficacité. Ce résultat est obtenu au moyen de la stratégie de jalonnement. C'est souvent la méthode employée dans le cadre d'une réforme.

Dans les cas indécis, le choix portera sur le parcours auquel aura été attribué le coefficient V le plus élevé.

9. Valider le parcours sélectionné en dernier ressort

La validation consiste à faire exécuter ce même travail par une ou plusieurs autres équipes d'évaluation, utilisant la même méthode d'appréciation, ou tout autre démarche d'aide à la décision. Sous la forme d'un « jeu d'entreprise » conçu à cet effet, une simulation expérimentale peut s'avérer nécessaire.

10. Invoquer le Saint-Esprit...

Cette méthode présente trois avantages :

- ***permettre une approche globale du changement.*** Non seulement sont intégrées toutes les microforces et toutes les stratégies concernées, mais aussi la volonté managériale (Coefficient V) dont nous avons vu (Chapitre IV) qu'elle corrige en plus ou moins l'effet purement mécanique d'un parcours et peut transformer en succès un scénario primitivement pauvre et englué.
- ***rationaliser des évaluations*** effectuées généralement avec plus d'a priori que de rigueur.
- ***contraindre des décideurs*** à travailler concurremment sur plusieurs parcours établis selon les mêmes conventions. Même si ces conventions sont quelques peu arbitraires, elles réduisent malgré tout le champ des incertitudes et stimulent celui des idées.

ÉVALUATION DE LA PERFORMANCE D'UN PARCOURS

1. TAUX D'EFFICACITÉ

	0	25	50	75	100
Forces concernées •	Peu et faiblement pertinentes	Quelques pertinentes	Nombreuses pertinentes	Toutes pertinentes	...
Influence •	Peu influentes et très influencées	Modérément influentes et influencées	Influentes et modérément influencées	Fortement influentes et peu influencées	...
Effet de macroforce •	Sans	Modéré	Fort	Considérable	...
Modes et stratégies •	Peu appropriés	Modérément appropriés	Appropriés	Très bien appropriés	...
Exécution pratique •	Médiocre	Moyenne	Bonne	Très bonne	...
				Total (T)	...
				Taux d'efficacité (T/5)	... %

2. TAUX D'ENGLUEMENT

	0	25	50	75	100
Gluons matériels •	Fluides	Adaptables	Non adaptables mais contournables	Incontournables sauf refondat.	...
Gluons immatériels •	Fluides	Modifiables	Non modifiables mais contournables	Incontournables sauf refondat.	...
Coûts •	Faibles	Supportables	Élevés	Exhorbitants	...
Délais •	Courts	Moyens	Longs	Hors de toutes prévisions	...
				Total (T)	...
				Taux d'engluement (T/4)	... %

3. VOLONTÉ MANAGÉRIALE APPLIQUÉE AU PARCOURS

Très forte : 1,5 – Normale : 1 – Faible : 0,5 → *Coeff. V* ...

PERFORMANCE DU PARCOURS : $\frac{\text{Taux d'efficacité}}{\text{Taux d'engluement}}$ V = —

MATRICE DE PERFORMANCE
Exemple (1)

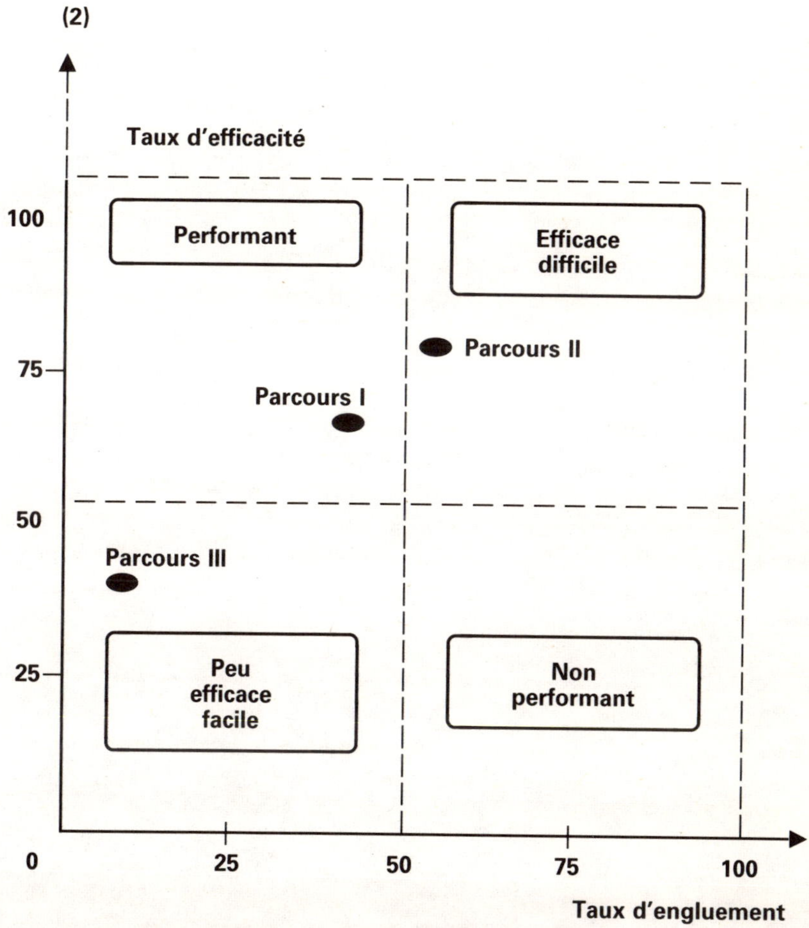

1. L'exemple ci-dessus constitue une aide à la décision permettant de raisonner objectivement sur les avantages respectifs des parcours I, II, III.
2. A titre purement hypothétique, si tous les paramètres de l'efficacité atteignent un niveau très élevé et si le coefficient V est lui-même supérieur à 1, le taux peut dépasser 100, évoquant une sorte d'« efficacité absolue ».

Chapitre 8

LES LOIS DU CHANGEMENT

Les lois particulières

L'expérience montre à l'évidence que les quatre leviers du changement (structures, systèmes, culture, management) n'interviennent pas de la même façon et avec la même intensité dans le changement. Leurs effets sont également différents, selon l'ordre dans lequel ils sont mis à contribution, dans le parcours. Quel levier tire les autres ?

Ce chapitre qui tiendra lieu à la fois de synthèse et de conclusion, se propose de présenter quelques « lois » de changement, à commencer par « les lois particulières » concernant les rapports de causes à effets que les quatre leviers entretiennent mutuellement. Le rôle de la culture apparaîtra ici comme central.

Ensuite, nous aborderons les « lois générales » touchant au changement considéré comme un « grand art ».

Nous étendrons enfin cet art à une réflexion sur le dimensionnement du changement, laquelle, du réglage à la refondation, nous invitera à miser davantage sur le trop que sur le trop peu.

Donc, quel est le statut de chaque levier et quelles relations il entretient avec les autres ?

a) Interrogeons d'abord le management.

Il se transforme principalement sous les pressions du dehors, aidé ou entravé par les contraintes imposées par les structures et les systèmes, et les exigences plus subtiles de la culture.

Cette transformation peut être involontaire, provoquée par des événements non-identifiés comme tels et donnant lieu à une acceptation passive du management. mais le propre du management, c'est exactement le contraire : sa propriété originale et unique est **l'auto-changement**. Il est bien la seule source volontaire des changements entrepris sur les autres leviers.

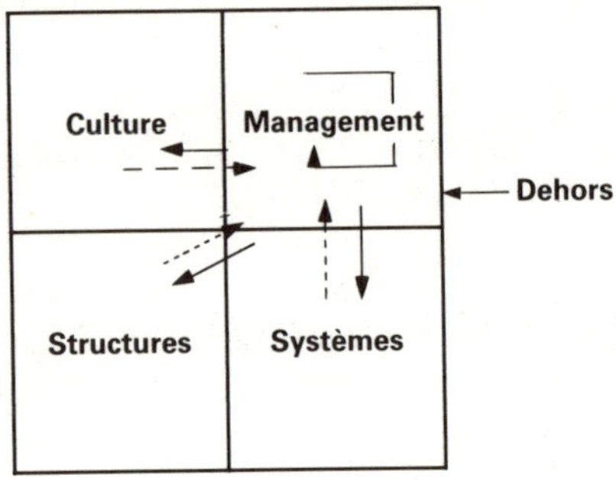

b) Les systèmes

Ils sont largement tributaires du management – on s'en douterait – mais aussi de l'évolution des structures et des variations techniques provenant du dehors. Les systèmes ne doivent rien à la culture. Mais à l'inverse, par les habitudes professionnelles et sociales qu'ils suscitent dans la vie pratique, ils créent un « vécu quotidien » qui peu à peu transforme la culture. Changer un système de prise de décision, d'information, de rémunération ou de gestion de stocks influence en retour le champ des valeurs et des habitudes culturelles, déplace le sentiment d'appartenance. On n'a pas fini de découvrir les effets indirects, sur la culture, de l'introduction de l'informatique et des méthodes de flux tendus.

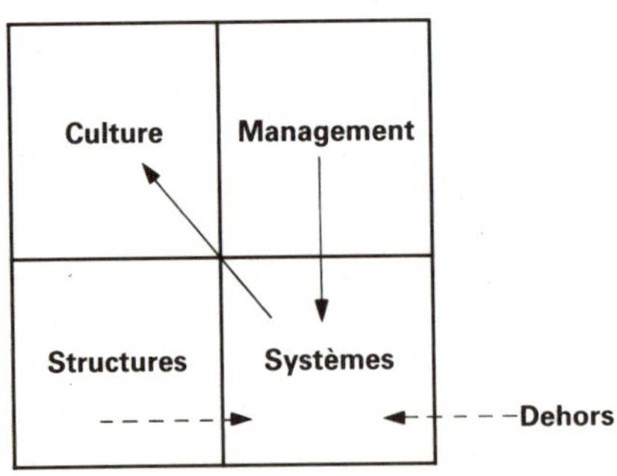

c) Les structures

Tributaires passives de l'évolution technologique et commerciale du dehors, les structures n'ont qu'un seul maître : le management qui ne laisse à personne le pouvoir de décider d'une nouvelle implantation d'usine, de modifier une gamme de produits ou a fortiori de changer de partenaires financiers. Les structures (identifiées, rappellons-le, à la Terre) sont quasiment immuables.

Elles ne doivent rien aux systèmes. Elles tirent de la culture des valeurs professionnelles et sociales qui leur imposent des contraintes morales toujours conservatrices. En retour, les structures forment un cadre de vie prégnant, puissant et incontournable qui détermine la culture. Vivre, huit heures par jour, au pied d'un haut fourneau, vendre de la lingerie féminine ou travailler dans une conserverie à Paimpol suscite un **vécu global** auquel personne ne peut échapper.

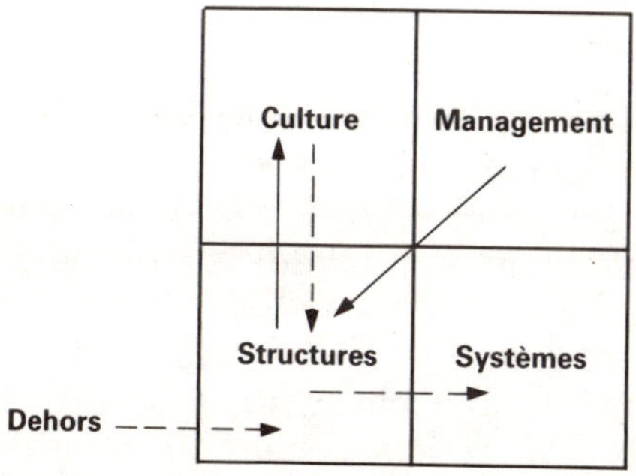

d) La culture

Elle tient le rôle central dans les processus de changement, notamment dans la rénovation et la refondation. La culture est évidemment influencée au goutte à goutte par le dehors, travaillée en permanence par les membres du personnel qui introduisent tous les jours des valeurs et des habitudes nouvelles apprises en famille, à la télévision ou sur les stades. La culture change surtout sous l'effet des contraintes induites par les structures, et secondairement des habitudes suscitées par les systèmes et de l'exemplarité du management. Contrairement à une idée reçue les flux de formation (qui relèvent des systèmes) ont un effet moindre sur la culture que le vécu permanent des structures et des modes de management. Effet résiduel de l'action des autres leviers, la culture joue ici un dernier rôle éminemment passif. Mais **en retour, une fois constituée, c'est elle qui surinfluence les autres leviers, tenant ainsi le vrai premier rôle.** Ce rôle est celui du Deus ex machina qui tire les ficelles invisibles d'un spectacle conservateur, infiniment répété.

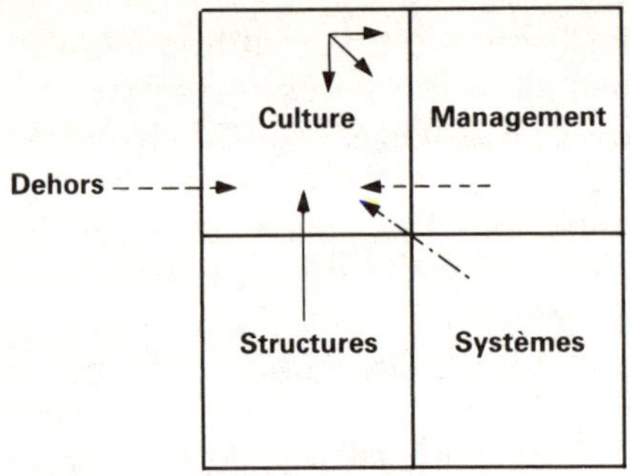

Les lois générales

Elles sont d'une application universelle ; elles déterminent les principes de tout changement quelles que soient les organisations et les circonstances ; elles sont censées s'appliquer naturellement, le management se contentant d'en piloter le mouvement. Huit lois apparaissent.

Le mal à combattre étant reconnu, et avant même que la cible ne soit fixée précisément, tout changement se présente d'abord sous la forme d'une force de résistance plus ou moins considérable, identifiée et localisée. A côté, voire au sein même des réserves de productivité, se déploient les gisements caillouteux de l'inertie. **Point de changement réussi qui ne parte d'un bon inventaire des gluons qui s'y opposent.**

Chaque champ a tendance à s'auto-reproduire dans son genre ; c'est dire la difficulté pour une microforce de « changer de genre ». Allez-donc « mécaniser » un département marketing ou tenir un discours « patriotique » au personnel d'un service de maintenance technique soumis à des procédures rigoureuses ! A fortiori, tentez-donc de mettre en place une organisation en réseaux ou développer une stratégie de vide contrôlé dans une structure pyramidale ! Tout s'y oppose, la **matérialité** des choses, la **mentalité** des hommes et surtout les **habitudes** qui tiennent autant de l'une que de l'autre.

Pour remuer cette soupe organisationnelle la grande cuiller en bois du management n'est pas toujours suffisamment longue. Le management a besoin d'un soutien légitime, irrécusable et d'une puissance quasi-absolue : nous l'avons vu, c'est le dehors. Rappelons que le dedans (ou Ego), tire du dehors et exporte au dehors tout : valeurs culturelles, capitaux, légitimité, matières premières, produits ou services, énergie, hommes... par contre, **le rôle unique du dedans est de tricoter d'une façon originale sa relation avec le dehors.** C'est ce qu'on appelle sa vocation, sa mission, son dessein industriel et commercial. En bref, c'est bien **le dehors qui détermine le dedans.** « Déterminer » c'est indiquer, fixer avec précision, faire prendre une résolution, causer, provoquer, décider, prendre un parti. Il ne s'agit pas d'une influence passagère, mais d'une pression sans concession.

Pour un atelier, le dehors « interne » à l'entreprise, ce sont les autres services de l'établissement, les directions fonctionnelles, la direction de l'usine ou tel ou tel responsable à fort pouvoir personnel. Toute entité administrative est plus ou moins assujettie à toutes les autres qui jouent à son égard le rôle du « marché », mais un marché complice. C'est loin d'être le cas, du dehors de l'entreprise elle-même, qui dépend en totalité des organismes bancaires, des clients, des fournisseurs, des concurrents, de l'espace régional, national, international, du bassin de l'emploi, des médias, de l'environnement économique, commercial, écologique, professionnel, technique, culturel, social, politique, juridique,... et de telle ou telle personnalité à forte influence.

Quelle organisation pourrait se dire capable d'échapper au dehors, colossal dragon aux mille têtes et bras, qu'il faut subir, dompter, ou utiliser comme levier ?

D'où cette première loi, largement développée au fil de cet ouvrage :

→ ***APPUYEZ-VOUS SUR LE DEHORS POUR CHANGER LE DEDANS***

Pour faire image, c'est utiliser le dehors comme un marin se sert des forces de la nature pour naviguer.

Dans les cas les plus habituels, c'est prendre le vent du marché, trouver les courants technologiques porteurs, tenir le cap vers les grands horizons. Plus simplement, c'est faire du surf avec les clients, les concurrents, la politique fiscale ou sociale, tout en maintenant ferme l'équilibre du bateau. Par conséquent, **c'est utiliser le dehors pour mobiliser le dedans,** comme peut l'être l'équipage du bateau pris dans la tempête.

Et en retour, mais s'appuyant cette fois sur un équipage aguerri, **c'est maîtriser le dehors par le dedans.** Dans les cas les plus favorables c'est même imposer sa loi au marché. Vous avez reconnu le destin d'Apple, de Trigano, du Groupe Accor, de Carrefour, du Mobilier Urbain de J.C. Decaux.

La deuxième loi opère dans la même perspective :

→ ***JOUEZ DU TEMPS, SELON LES CAS, COMME D'UN ALLIÉ OU D'UN ADVERSAIRE***

Utilisé pour fouetter l'attelage ou pour le retenir, employé comme soutien de l'effort ou comme provocation, totalement

S'appuyer sur le dehors pour changer le dedans

Autres exemples :

- *Par des visites commentées, ouvrir chaque atelier, chantier et établissement aux préoccupations des autres unités de l'entreprise et au projet global, lequel est nécessairement tourné sur le dehors.*
- *Rendre responsable (« répondre de ») chaque membre du personnel des interfaces qui règlent les relations entre les différentes unités, et ce par : un système informatique plaçant les unités plus proches les unes des autres, une rotation des postes, la formation et la simulation des responsabilités du niveau N+1 ou N+2.*
- *Profiter de toutes les occasions pour organiser des conférences internes animées par des collaborateurs ou des personnalités de passage. Profiter de l'entrée d'un nouveau collaborateur, notamment étranger, pour lui faire témoigner du « choc » ressenti lors de son intégration.*
- *Organiser des séances audiovisuelles regroupant le personnel sur le thème exclusif « Nouvelles du dehors ».*
- *Organiser une fois par an une « Semaine des bonnes idées » à laquelle sont conviés les membres du personnel, les clients, les fournisseurs, les revendeurs, l'environnement local.*
- *Monter un « Club de consommateurs ». Organiser une « journée portes ouvertes ».*
- *Placer en stages actifs des agents de fabrication et des chefs d'atelier chez les concessionnaires de la marque.*
- *Faire relever par les membres de l'entreprise les prix pratiqués par les concurrents, chez les distributeurs. De la même façon découvrir les méthodes de vente des concurrents. Primer les « rapports d'étonnement » des collaborateurs en voyages privés à l'étranger.*
- *Faire participer les collaborateurs, à des colloques professionnels et à des voyages d'études à l'étranger. Les abonner personnellement à des publications professionnelles.*
- *Par des voyages et une formation appropriée leur faire découvrir les caractéristiques des entreprises concurrentes notamment étrangères : culture (surtout les symboles), structures, systèmes, management.*
- *Développer une culture générale de « marketing mondial ».*
- *Développer le partenariat interne dans le but d'habituer les collaborateurs à s'impliquer dans le partenariat externe avec les fournisseurs, les associations de consommateurs, les concurrents, les Pouvoirs publics, les médias. Associer le plus grand nombre de collaborateurs à l'élaboration des projets de partenariat.*

TOUJOURS PLUS DE FENÊTRES SUR RUE

fondé ou partiellement feint, le temps est une arme aussi redoutable que le dehors. Rappelons-nous qu'il intervient comme coefficient du rapport $\frac{\text{microforces}}{\text{gluons}}$.

Le temps s'impose sur tous les plans et à tous les niveaux : pour évaluer une menace ou une opportunité externe, pour identifier un dysfonctionnement, pour préparer, négocier, décider d'un scénario, pour mettre en place de nouvelles structures, pour aménager des systèmes plus performants, pour faire évoluer les mentalités, pour enfin, si tout va bien, voir apparaître quelques effets positifs... Cet étirement du changement sur plusieurs mois ou années est source de lassitude, de doute, voire d'hostilité. De plus, il donne du temps à toute contre-offensive, pour s'organiser.

La mise en œuvre est infiniment variée ; vous pouvez tout aussi bien :

– prendre votre temps pour laisser les esprits mûrir et les opposants se lasser,

- aborder les problèmes à la suite, par petits pas, dans un lent et ample mouvement enveloppant,
- ouvrir brutalement un seul front qui devra céder sous la pression des événements,
- créer artificiellement un manque de temps qu'il faudra combler au plus vite,
- dramatiser la perte de temps ou au contraire se féliciter du fait que le temps joue pour vous...

La troisième loi se rapporte à la direction optimale de tout changement, direction que nous avons déjà proposée, sous le nom « de préférence holomorphe ».

→ ***« N'HÉSITEZ PAS A RENFORCER LES CHAMPS MÉCANISTE, MERCENAIRE ET TRIBAL, SI LE BUT EST DE DÉVELOPPER, DANS L'ORDRE, UN MEILLEUR FONCTIONNEMENT QUOTIDIEN, PLUS DE RÉACTIVITÉ ET PLUS D'ATTACHEMENT MORAL, MAIS PRÉFÉREZ L'HOLOMORPHISME PARTOUT OU C'EST POSSIBLE, A COÛT RAISONNABLE »***

La préférence holomorphe s'impose à elle-même des exigences sociales et managériales considérables.

Socialement, il s'agit de **réconcilier** ce que la sociodynamique des organisations a mis en évidence depuis 1973 : les impératifs de l'Institution[1] et les attentes du Corps social[2].

La surface sécante du schéma ci-dessous représente l'étendue et la valeur de cette réconciliation, mais aussi la puissance du « réacteur » de l'entreprise, là où se forge sa capacité à vivre, à se développer, donc à changer.

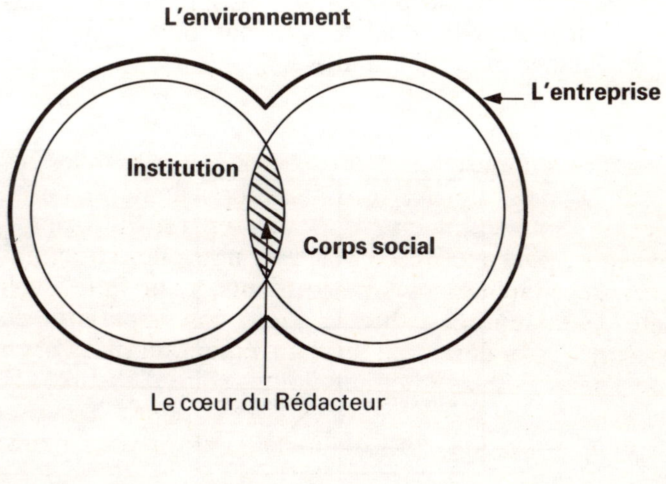

1. Ensemble juridico-économico-technique qui, du P-D.G. à l'employé, assure la mission fondatrice de l'entreprise.
2. Tous les salariés de l'entreprise, considérés dans leurs intérêts privés.

L'entreprise est réconciliée avec elle-même, dès lors que la direction et les salariés donnent **le même sens et attribue le même temps** aux problèmes économiques, financiers, sociaux, commerciaux qui se posent à l'entreprise, anticipant ainsi une véritable communauté d'intérêt.

Toutefois, cette réconciliation restera abstraite et vaine, tant qu'elle ne sera pas parvenue à « se réconcilier au deuxième degré » avec le dehors. Une réconciliation de trois acteurs qui ne peuvent rien sans les autres ! Vous l'avez compris, l'aboutissement de cette réconciliation se retrouve dans les propriétés du champ holomorphe. Ce champ n'est holomorphe que si, justement, **chaque membre du corps social se mobilise, personnellement, dans sa liberté, pour réconcilier, à son niveau, les exigences du dedans et celles du dehors.** On n'insistera jamais assez sur le rôle éminent du dehors pour mobiliser non seulement l'Institution, mais aussi chacun des membres du Corps social.

Cette loi politique universelle vaut tout particulièrement pour la conduite du changement ; celui-ci bouscule nécessairement un réseau d'intérêts catégoriels et privés, et remet en cause l'équilibre précaire de l'intérêt commun. Or, loin d'être une occasion de discorde, le changement doit être une chance pour renforcer la sociodynamique de l'entreprise, au moyen notamment des stratégies du 2e et 3e modes.

D'où la quatrième loi :

→ ***PROFITEZ D'UN CHANGEMENT POUR RÉCONCILIER L'INSTITUTION ET LE CORPS SOCIAL***

La préférence holomorphe impose également au management un style particulier. Observez le schéma suivant qui donne un exemple de changement mal maîtrisé :

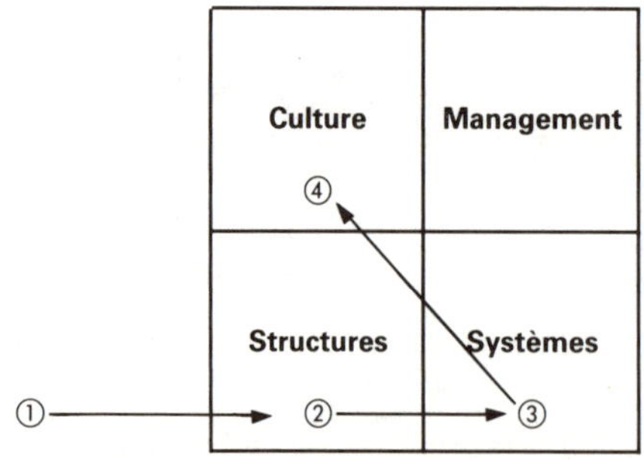

Ce cas témoigne de la soumission d'un management aux pressions externes et internes, de la passivité de responsables qui se laissent aller au fil de l'eau, sans apporter aucune valeur ajoutée au processus de changement. Cette attitude est désorganisatrice, car elle présuppose que les forces internes, livrées à elles-mêmes, sauront toujours s'ajuster spontanément en fonction des pressions externes, sans qu'intervienne un discours stratégique global. L'expérience séculaire nous prouve qu'il n'en est rien. Après s'être longtemps distingué par ses méthodes directives, **le management s'investira au contraire de plus en plus dans la coordination, le soutien, la mise en valeur des hommes, la mise en perspective des choses, la mise sous tension des énergies... et leur contrôle,** pris dans le sens anglais du mot.

Ces attitudes managériales relèvent typiquement du style holomorphe de conduite du changement, style où :

1er mode ≤ 2e mode ≤ 3e mode

Mais il est entendu que, dans les situations courtes, tragiques et complexes, l'imposition (1er mode) reprend tous ses droits, sans hésitations... ni murmures (!).

Par conséquent, « ni tout faire », « ni laisser faire » plutôt, cinquième loi :

→ ***FAITES EN SORTE QUE LES (BONNES) CHOSES SE FASSENT PAR ELLES-MÊMES***

« Faire faire les choses » pourrait être le principe de tout management du changement, principe fondé sur les lois d'économie d'énergie, de ligne de plus grande pente, de moindre résistance..., articulé autour des cinq recommandations suivantes :

- « Faire en sorte que les quatre leviers du changement soient ouverts sur l'extérieur, mais que le management ait toujours l'initiative des synthèses rapides et pertinentes,
- que les structures soient modifiées par la force des choses, et en priorité si la situation l'exige, car ce sont elles qui induisent le plus fort vécu global,
- que les systèmes qui en découlent soient ajustés comme des conséquences, et suscitent des habitudes professionnelles et sociales,
- que le management, les structures et les systèmes fassent converger leurs effets sur la culture, aboutissement naturel du changement,
- que la culture, ainsi créée ou transformée puisse surinfluencer au quotidien les autres leviers, dans un mouvement récursif continuel ».

Les moyens en sont également les stratégies du 2e et 3e modes.

Si l'enjeu le justifie bien entendu, le parcours-type du changement à fort effet est le suivant :

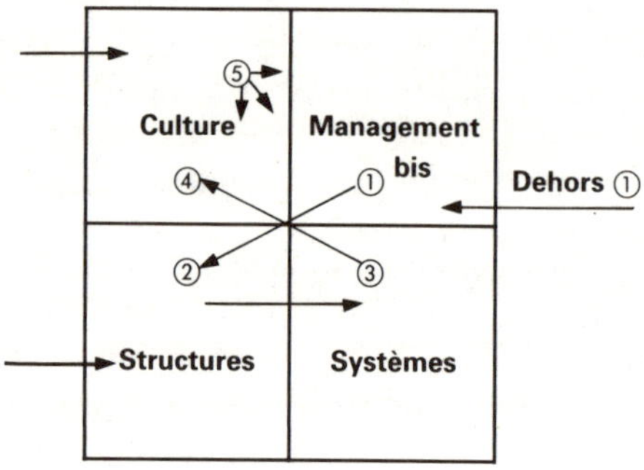

Sixième loi

→ ***AGISSEZ EN PRIMITIF, PENSEZ EN STRATÈGE***

Dû à René Char, cet aphorisme relève également d'une logique holomorphe. Le poète ne dit pas « Agir… ET… penser », mais par une humble virgule, loin de séparer les deux actions, il les confond dans un même mouvement.

Sur le terrain de l'engagement pratique, coexistent donc, la volonté brutale du guerrier et la réflexion calculatrice du général : les deux facteurs V et S de la formule du changement proposée page 55. Mieux, comme pour dérouter notre logique linéaire, René Char fait précéder l'agir sur la pensée, l'un et l'autre étant reconciliés dans une action globale.

« L'agir primitif » se veut détermination, courage, opiniâtreté, clôture têtue sur l'objectif. Tout changement mérite ces pilotes à la volonté au front de bœuf qui, par leur engagement sans retour, rallient les hésitants.

« La pensée stratégique » au contraire exige de la retenue, de la combinatoire, de l'imagination, de la flexibilité. Tout changement mérite aussi des équipes de direction avisées, qui, par leur sagesse élargie à l'espace et au temps, ajustent au mieux les rapports :

$$\frac{\text{opportunités}}{\text{risques}}, \quad \frac{\text{gains}}{\text{coûts}}, \quad \frac{\text{microforces}}{\text{gluons}}, \ \text{... etc}$$

Petits ou grands changements

Ces lois particulières et générales s'appliquent tout ou partie selon la nature du changement et l'importance des microforces/gluons à faire bouger. Dans le cadre du chapitre I nous avons déjà évoqué les quatre niveaux, les quatre paliers, les quatre dimensions que le changement peut adopter. Nous sommes en mesure maintenant de mieux définir leurs conditions d'emploi, de préciser leurs caractéristiques principales et de dégager les dernières lois qui concernent leur fonctionnement (voir les tableaux présentés dans les pages suivantes).

Les deux premiers niveaux (réglage et réforme) se contentent de suivre une logique d'amélioration, tandis que les deux seconds (rénovation et surtout refondation) s'engagent dans une véritable logique de rupture. En un mot la question est la suivante : faut-il jouer léger ou frapper fort ?

Le réglage est un changement limité, dû à l'initiative du responsable immédiatement concerné par une anomalie. Constatant une tendance du personnel à venir chercher n'importe quelle pièce détachée, à n'importe quelle heure de la journée, le chef magasinier met à jour la procédure de « demande de pièces » qui était tombée en désuétude. Il en profite bien évidemment pour en améliorer le fonctionnement.

La réforme s'impose dès lors que l'évolution de la performance marque le pas ou risque de s'aggraver dans certains secteurs. Le réglage ne suffit plus et la rénovation structurelle ne s'impose pas. Une action coordonnée sur plusieurs circuits devrait redonner à l'entreprise le dynamisme perdu ou en passe de faiblir. C'est ainsi que le taux de turn-over étant trop élevé pour la profession, plusieurs circuits organisés en système sont sollicités simultanément : la formation des directeurs d'agence, les conditions de recrutement, le système d'intégration, la participation aux décisions et l'intéressement...

La rénovation (ou restructuration) constitue un vrai chambardement. Les quatre leviers du changement sont cette fois concernés. Seul le niveau responsable le plus élevé peut engager un changement de cette importance s'il constate que plusieurs secteurs de l'entreprise donnent des signes de détérioration économique ou sociale évidente. Ce sont ici les structures qui sont bousculées en priorité. Le reste suit. Un grossiste en légumes, change dans la même année son partenariat financier et sa politique vis-à-vis des maraîchers, ouvre un secteur « poisson » et informatise son activité ; l'année suivante il déplace son siège social. Un tremblement de terre.

La refondation est l'acte de changement le plus radical. Elle est l'aveu solennel d'une faillite, celle des strutures, des systèmes, de la culture et surtout du management de proximité, incapable d'entreprendre une œuvre de désengluement généralisé.

Elle ne peut être engagée que grâce à l'initiative, la volonté et le pouvoir d'une autorité extérieure, qui via un nouveau personnel de management entreprend une « fondation nouvelle ». Ne sont conservés que les pans de murs qui, par hasard, sont réinsérables dans les nouvelles structures. Il n'est pas excessif de parler de révolution culturelle. Pour assurer la survie d'une activité de télécommunication il est nécessaire que l'entreprise obtienne (...arrache !) un certain marché de radar. Le changement d'homme au niveau le plus élevé permet d'employer un style nouveau mi-autoritaire, mi-animation (6.0.3.) s'appliquant sur des structures d'organisation, de localisation, d'informatique, de bureautique et de classification des fonctions, donc de salaires. La technologie change, les produits changent, la position sur le marché change. Inutile de dire qu'en aval, les circuits commerciaux, le développement des prototypes, les flux de production ont également été modifiés. Ces multiples carambolages ont d'inévitables effets sur le vécu de l'organisation, le sentiment d'appartenance, les valeurs et les pratiques professionnelles. Le défi est relevé... mais tous les cas de refondation ne sont pas aussi exemplaires.

Ces quatre paliers de changement nous interpellent. Lequel choisir, lorsque la distinction entre les paliers ne tranche pas d'une façon évidente ? On peut penser que le **surdimensionnement d'un changement est moins à craindre que le contraire. Sous-dimensionné le changement n'engendre que des déceptions, ne résoud rien et ne fait que reculer la mise en œuvre de la bonne solution, dans une situation souvent aggravée. Surdimensionné, le changement gaspille de l'énergie, suscite des problèmes nouveaux, provoque une montée d'angoisse, notamment chez les cadres, mais il met l'entreprise « sous tension », lui permettant de gérer naturellement les impédimenta du présent et de se trouver en meilleure position pour anticiper les problèmes à venir.**

Il est plus économique et souvent plus facile de gérer un mouvement en avant que de rattraper un mouvement continuellement en retard. Le futur est une partie intégrante du dehors. Changer c'est aussi cela : anticiper.

Mais inversement, beaucoup de dirigeants rêvent de restructuration et de refondation qu'ils n'ont pas le courage ou la possibilité de mettre en œuvre. **Ils en oublient littéralement les bienfaits modestes du réglage et les profits plus substantiels de la réforme.**

Après une restructuration juridico-financière, c'est au moyen d'une réforme de longue durée que Dunlop-France est passé d'une situation de pré-dépôt de bilan à une excellente performance. Au propre comme au figuré, ce sont surtout les changements opérés sur les systèmes qui ont eu le dernier mot : ouverture pédagogique sur le dehors, campagnes de qualité, de réduction des coûts, de suggestions, de propreté, actions d'éducation basées sur les valeurs de « vérité » et de « confiance mutuelle », le tout assorti d'une augmentation de salaires à laquelle le personnel ne s'attendait pas. Faut-il ajouter que le management s'était fortement inspiré de la maxime de René Char ? Mesures radicales ou non ? Voilà le problème capital auquel seule une loi « mesurée » peut répondre.

LES QUATRE PALIERS DE CHANGEMENT

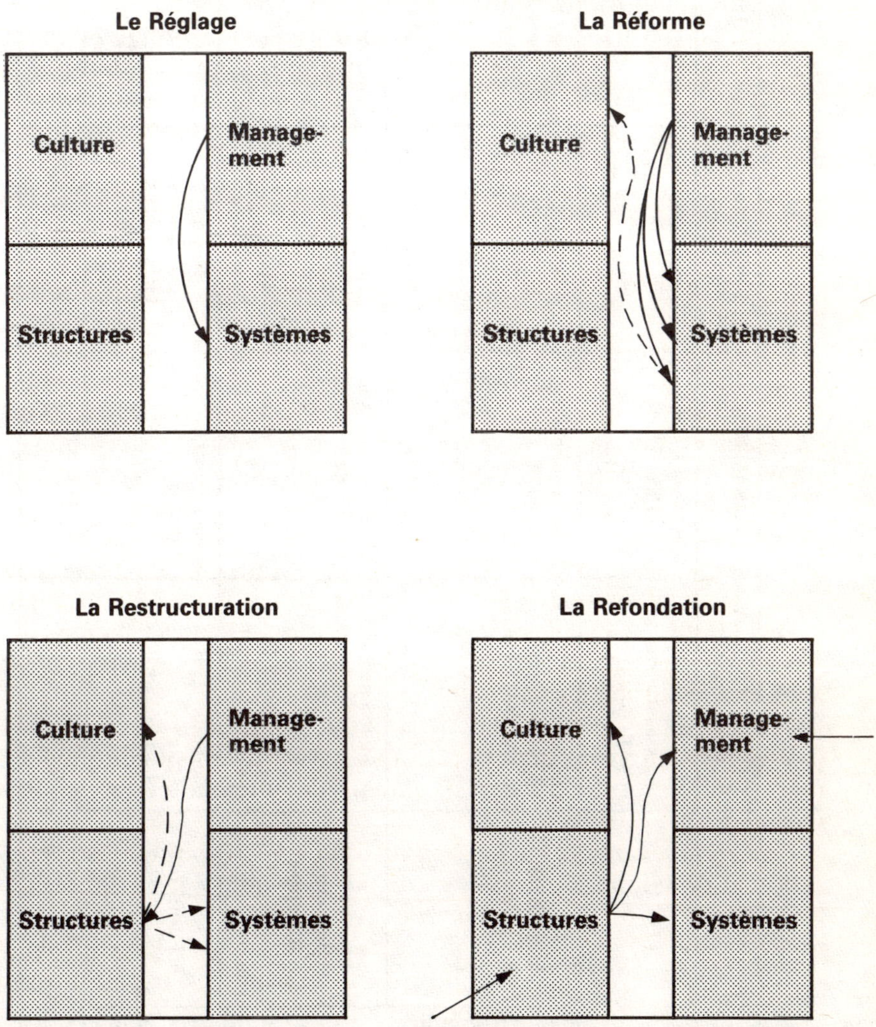

DEHORS

		ÉVOLUTION DE LA PERFORMANCE	MANAGEMENT	STRUCTURES	SYSTÈMES	CULTURE
Logique d'amélioration	RÉGLAGE	Déréglage ponctuel nécessitant un retour aux normes	Initiative et actions au niveau le plus bas ①	pas d'effet	ou ou deux circuits ②	peu d'effet
Logique d'amélioration	RÉFORME	Stagnation ou aggravation prévisible dans certains secteurs	Initiative du niveau supérieur Actions décentralisées et fonctionnalisées ①	effets indirects ultérieurs	plusieurs circuits organisés en système ②	fort effet à long terme ③
Logique de rupture	RÉNOVATION RESTRUCTURATION	Détérioration sérieuse dans plusieurs secteurs	Initiative et actions au niveau le plus haut Soutien général ①	une ou deux forces clés ②	fort effet immédiat sur de nombreux circuits ③	fort effet à moyen terme ④
Logique de rupture	REFONDATION	Dégradation générale catastrophique	Changement de management ① Autorité extérieure	toutes macroforces fondamentales ② Autorité extérieure	tous circuits ③	révolution culturelle ④

D'où septième loi

→ *FRAPPEZ LÉGÈREMENT PLUS FORT QUE DE BESOIN*

Autrement dit :

- **si l'enjeu l'exige, faire grand et frapper fort.** Un échec est toujours possible, mais sa gravité peut n'être qu'apparente, masquer des opportunités bénéfiques et créer en fin de compte une situation préférable à la précédente
- **partout où l'enjeu le permet, jouer modeste et léger,** mais en ayant soin de surdimensionner l'effort d'un cheveu et d'accompagner éventuellement l'action par des mesures de plus en plus radicales.

L'engluement est toujours plus grand qu'on peut le supposer et l'énergie mobilisable dans le changement a toujours tendance à se dégrader. Tout changement timide renforce l'engluement et rend toujours plus difficile les efforts ultérieurs.

Le réglage conserve les choses en bon état de marche sur des bases anciennes. La réforme fait du neuf, certes, mais avec du vieux mieux agencé. La rénovation structurante introduit une première rupture : elle fait du neuf avec du vieux et beaucoup de neuf. Mais seule la refondation fait du neuf avec du neuf.

Dans le cadre de la loi précédente, on serait par conséquent tenté de miser toujours sur les paliers supérieurs. Ce qui s'y oppose le plus ce ne sont pas les engluements matériels dont on vient à bout sans trop de peine, **mais les engluements immatériels de culture et de management.**

Les structures mentales pèsent plus que les structures physiques. C'est dans la tête des gens que se joue la lutte de leurs bonnes ou mauvaises raisons de changer ou de ne pas changer. Les procédures administratives, les systèmes de gestions, les structures technologiques ou commerciales etc... se situent toujours en aval d'une valeur à défendre ou d'une inspiration à promouvoir.

Tout est permis, tout est possible, sauf sous-estimer les forces immatérielles de l'entreprise. Mieux :

Huitième loi

→ *FAITES DE LA CULTURE, « L'HORIZON DU CHANGEMENT »*

Jamais rien de grand et de durable ne se fait sans les hommes. Leurs revendications et leurs attentes, leurs colères et leurs espérances sont les fusées du changement. Les surmultiplier, c'est arracher le changement à la pesanteur des choses. Le reste vous sera donné par surcroît.

ANNEXES

LISTE DES FORCES DE CHANGEMENT

Cet inventaire non-exhaustif de forces (micro ou macro) représente « l'arsenal » dans lequel le pilote du changement va puiser les leviers, outils et moyens dont il a besoin pour construire son scénario. Chacune de ces forces est à la fois un « pouvoir » mis au service du changement et un « gluon » qui s'y oppose plus ou moins. Les forces en prise directe sur le dehors sont précédées du signe :

↓□

1. Forces de structures

1. Structures juridiques

- Identité juridique et financière – Statut (S.A.R.L. S.A.) – Composition du capital, poids des actionnaires principaux.

↓□ Fusion, absorption, intégration dans une autre entité.

↓□ Contraintes juridiques, fiscales, douanières.

↓□ Impact des fluctuations boursières.

2. Structures financières

- Organisation comptable générale.
- Fonds propres. Endettement. Capacité d'autofinancement.

↓□ Soutien d'organismes financiers, de l'État, d'actionnaires privés.

3. Structures technico-professionnelles

↓ Dépendances stratégiques de matières premières, de pièces détachées…

- Infrastructures industrielles : localisation des sites de production, installations techniques (machines, matériel, engins).
- Capacité d'évolution technico-professionnelle.

↓ Intégration de nouveaux outils de production, de nouveaux matériaux.

4. Structures économico-commerciales

↓ Maîtrise du marché : occupation (ou non occupation) de créneaux spécifiques, produits fabriqués, services rendus hier, aujourd'hui, demain.

- Capacité technico-commerciale de décliner, de modifier, de changer une gamme de produits.

↓ Organisation structurelle de la distribution : nature du réseau commercial, points de vente en propre ou franchisés, grossistes, équipes de vente, internationalisation du réseau.

5. Structures d'organisation

- Organigramme formel, cadre de travail.
- Structures en pyramide, en réseaux, en rateau, polycellulaires…
- Poids relatif des grandes directions : Direction générale, technique, commercial, des ressources humaines, de la recherche…

↓ Capacité de l'organisation à s'adapter aux pressions externes.

6. Structures informatiques et bureautiques

- Structures de la fonction.
- Configuration informatique, P.A.O., C.A.O.
- Puissance des installations (taille, mémoire centrale), fonctionnement en réseaux, nombre des terminaux, utilisation en temps réel, possibilité d'accès pour les utilisateurs.

↓☐ Capacité d'évolution en fonction des perfectionnements techniques.

7. Structures de gestion du personnel

- Poids du statut du personnel et de la convention collective (qualification, conditions de travail, rémunérations statutaires).
- Localisation des emplois.
- Poids du « métier » dans la structure.

↓☐ Recours obligé (ou non) à la sous-traitance ou aux emplois intérimaires.

8. Structures de partenariat permanent

↓☐ Ententes financières, commerciales, techniques...

↓☐ Mise en commun de structures et de moyens (de production, d'information, d'études, de commercialisation...).

9. Pouvoirs spécifiques utilisés par les hommes-clés de la structure, pour servir leur stratégie.

2. Forces de systèmes

Il s'agit des forces de gestion des flux et des circuits de toute nature. Cette gestion porte sur la création de ces flux, leur politique de fonctionnement, leur entretien, leur contrôle, leur animation, leur adaptation, leur changement, leur suppression.

1. Circuits et flux financiers et administratifs

- Politique de gestion de la marge.
- Procédures d'allocation de ressources, de dépenses, de fonctionnement, de contrôle de gestion.

Politique de placements boursiers.

- Gestion de la trésorerie.

Gestion de la facturation, des recouvrements.

- Gestion des secrétariats.
- Organisation de ces fonctions.

2. Circuits et flux de production

- Gestion des flux d'énergie, de matières premières, de produits finis – Gestion des stocks – Maîtrise des coûts de production.
- Process, procédures et méthodes de production (flux tendus, zéro panne...).

Gestion de la qualité : maîtrise, contrôle, amélioration.

- Gestion de la sécurité.
- Logistique – Entretien – Maintenance technique des outils de production.
- Procédures d'investissements techniques et des « travaux neufs ».

3. Circuits et flux économico-commerciaux

Recherche et enjeux de développement. Processus d'innovation et d'intégration des idées nouvelles. Développement de produits.

↓
☐ Finalité stratégique vis-à-vis des marchés, des produits, des concurrents, des prix, de la qualité, des réseaux de distribution, de la force de vente, de l'internationalisation. Maîtrise des coûts de commercialisation.

- Animation des équipes commerciales : recrutement, formation, champ de prospection, rémunération.
- Organisation et management de la fonction.

↓
☐ Ouverture formelle au marché : organisation de clubs de consommateurs, d'enquêtes, d'expositions, d'un service d'accueil et de réclamations.

4. Circuits et flux culturels (considérés ici sous leur aspect purement technique)

↓
☐ Ouverture aux champs culturels extérieurs : lectures, voyages, séminaires, symposiums, maillage, partenariat, mécenat.

- Politique de formation : organisation de la fonction, finalité, planification, programmes et méthodes, stagiaires, style d'animation, contrôle, « passage à l'action », évaluation.
- Information et communication : organisation de la fonction, domaines et tâches privilégiées, techniques et médias employés, nature et forme des messages.
- Relation des fonctions de formation et de communication avec les autres unités fonctionnelles ou opérationnelles.

5. Circuits et flux des ressources humaines

- Enjeux prioritaires.
- Mission de la fonction et organisation.

↓
☐ Politique des ressources humaines : offres d'emploi, recrutement, accueil, conditions de travail, qualification, description des postes, rémunération, gratification, promotion, mutation, gestion de carrières, garantie d'emploi.

- Politique vis-à-vis des filières de métiers.
- Finalité du système d'appréciation. Critères, outils et procédures d'évaluation.
- Politiques de relations avec les cadres et agents de maîtrise. Profils et compétences des hommes.

- Politique de relation avec les instances représentatives du personnel (Comité d'entreprise, Délégation du personnel, Syndicats).
- Dispositions prises dans le but d'obtenir du personnel un comportement positif : plus de responsabilité, d'assiduité…
- Méthodes et calculs destinés à faire participer le personnel aux fruits de l'expansion.

6. Circuits et flux d'organisation et de décision

- Poids respectif des différents circuits administratifs, commerciaux, de production.
- Fluidité ou rigidité des circuits.
- Préparation des décisions : avec qui ? sur quel thème ? avec quelle préoccupation dominante ? avec quel soutien logistique ?
- Procédures de décision : quand ? comment ? où ? Décisions centralisées ou décentralisées, immédiates ou différées, informelles ou officielles. Publicité de la décision.
- Système de réunions d'information, de concertation, de coordination, de décision. Fonctionnement. Statut des participants.
- Appui informatique. Enjeux et priorités informatiques. Capacité de l'informatique à suivre en temps réel les évolutions de l'organisation. Planification.

☐ Ouverture de l'organisation aux consultants extérieurs. Leurs missions, leur statut, leur rôle dans le fonctionnement des flux et circuits.

7. Pouvoirs spécifiques utilisés par les hommes-clés conduisant les systèmes, pour servir leur stratégie.

3. Forces de culture

1. Attachement aux valeurs sociales

- ☐ Sensibilité aux valeurs externes : l'Europe, l'Économie de marché, l'Emploi, l'Environnement.
- ☐ Relais internes des valeurs et des comportements externes : modes, attitudes vis-à-vis de telles catégories de salariés, événements d'actualité (locaux, nationaux, internationaux), conjoncture économique.
- Attachement à l'image de marque : logo, sponsoring, renommée, locaux, aménagement interne, situation emblématique du siège social, des filiales.
- Attachement aux valeurs de solidarité, de camaraderie, de convivialité.
- Sentiment d'appartenance au métier, à l'entreprise, à l'unité de production, à un service, à une équipe, mais aussi à un syndicat ou à une catégorie professionnelle.
- Coutumes et mœurs sociales : portes ouvertes ou fermées, lieux de rencontre, habitudes liées aux repas, à la pause café, occasions festives, relations extra-professionnelles, comportement (habillement, vocabulaire codé...), circulation de l'information (bruits de couloir), règlement des conflits (feutré ou avec éclat).
- Attitudes vis-à-vis des instances de représentation du personnel.

2. Attachement aux valeurs professionnelles

- ☐ Sensibilité aux valeurs externes : la Qualité, le Respect des délais, le Client, le Produit. Relais internes de ces valeurs.
- Valeurs et pratiques professionnelles : la polyvalence ou la spécialisation, le métier, la ponctualité, l'accueil, le haut niveau technique, le respect des procédures et des consignes, le goût de la perfection, la prise en compte ou non du temps, la réduction des coûts, la qualité.
- ☐ Relations avec le client.

3. Vécu de l'organisation et du management

- Organisation vécue comme étant efficace et en croissance (ou le contraire) hexagonale ou internationale, centrée sur le travail ? le profit ? le client ? le personnel ?
- Organisation laissant ou non de larges plages d'initiatives.
- Histoire de l'organisation, telle qu'elle est vécue rétrospectivement : la fondation, les grèves, les vagues de licenciements, le lancement réussi d'un nouveau produit...
- Relations horizontales et relations entité-Groupe.
- Attitudes vis-à-vis des structures, des systèmes et du management (voir ces paragraphes). Modes de management dominants tels qu'ils sont ressentis. En réaction, attitude adoptée : docilité, hostilité, participation, esprit d'équipe. Attitudes vis-à-vis de la hiérarchie proche, de la formation, de la promotion interne... Comportement induit par le système de rétribution.

4. Pouvoirs spécifiques utilisés par les hommes-clés exerçant une influence sur la culture, pour servir leur stratégie.

4. Forces de management

☐ Sensibilité aux nouvelles méthodes de management.

☐ Ouverture (totale, sectorielle, limitée...) aux provocations du dehors, aux opportunités et menaces qui pèsent sur l'entreprise. Influences pratiques sur le management des études, enquêtes, audits, recommandations d'experts.

☐ Influence ou poids des échelons hiérarchiques supérieurs.

- Modes et stratégies employés :

	Stratégies fermées	**Stratégies ouvertes**
3ᵉ mode		
2ᵉ mode		
1ᵉʳ mode		

- Discours officiel et attitudes quotidiennes du management. Caractéristiques personnelles des managers principaux.
- Choix des pilotes du changement : leur statut, leur mission, leur pouvoir, leur contrôle, leur gratification.
- Volonté de changement (facteur V).

Champ	Cible du changement	Parcours	Volonté

CULTURE

Dehors

•

•

•

Image, appartenance, valeurs, coutumes, pratiques, vécu...

MANAGEMENT

Dehors

• **Modes et stratégies**

	Fermées	Ouvertes
3		
2		
1		

• **Choix des hommes**

STRUCTURES

Dehors

•

•

•

•

•

Partenariat, localisation, identité juridique et financière, position marché, produits, structures d'organisation, technologie, statut du personnel.

SYSTÈMES

Dehors

•

•

•

•

•

•

Politiques, procédures concernant la gestion des circuits administratifs, sociaux, de production, de communication, de décision, de maintenance.

ÉCHELLE DE RÉACTIVITÉ AU DEHORS

1 RÉACTIVITÉ DE PROCHE EN PROCHE	LE DEHORS DÉTACHÉ DE L'INDIVIDU	Réactivité mécanique	Suit le changement on lui résiste	Poids des règles et des habitudes. Importance des standards techniques stables hors-temps.	« Les échos du dehors me parviennent par bribes et d'une façon aléatoire ». « Je réagis sur ordre ou par nécessité ».
2 RÉACTIVITÉ PROGRAMMÉE	LE DEHORS CONTRÔLÉ PAR DES PROGRAMMES		Accompagne le changement	Importance des cycles et des programmes. Souci de régulation et d'adaptation périodique. Techniques éprouvées. Court terme.	« Je suis les évolutions du dehors via les informations et les statistiques ». « Je réagis en fonction des programmes établis ».
3 RÉACTIVITÉ LOCALE SPONTANÉE	LE DEHORS PRÉSENT MAITRISÉ LOCALEMENT	Réactivité dynamique	Conduit le changement	Prévision, initiative, rapidité. Plan stratégique. Renouvellement continuel des techniques. Moyen terme.	« Je suis sensible directement à l'évolution du dehors ». « Je réagis de ma propre initiative en temps réel ».
4 RÉACTIVITÉ LOCALE ANTICIPATIVE	LE DEHORS FUTUR CONSTRUIT LOCALEMENT		Précède le changement	Prospective et innovation de rupture. Imagination stratégique. Techniques avancées. Long terme.	« J'ai une vision personnelle de l'avenir en marche ». « Je provoque moi-même l'évolution du dehors ».

ÉCHELLE D'APPROPRIATION DU DEDANS (PAR LE SENS)

1 SENS PERÇU ou SUBI	ACCEPTATION PASSIVE DE LA CHOSE	Appropriation exogène	Proto sens	Présence passive à la chose telle qu'elle est. Faible référence à quoi que soit. Contact sensoriel.	« Je reçois la chose comme une donnée ». « Je ne me pose pas la question du sens ». ou bien « Je prends quelque distance par rapport à la chose ».
2 SENS CONNU	CONTRÔLE PERSONNEL DE LA CHOSE		Sens rationnel importé	La logique appliquée à la chose : la chose jugée par la raison, par les principes de causalité, de contradiction...	« J'appréhende la chose et j'agis sur elle, selon mes critères de connaissance ». « J'importe mon sens ».
3 SENS VÉCU	ATTACHEMENT SOCIAL À LA CHOSE	Appropriation endogène	Sens affectif partagé	La chose ressentie par rapport à elle-même compte tenu du regard du groupe sur elle. Expérience personnelle vécue socialement.	« Je ressens la chose et opère avec elle, selon ses propres lois ». « Je vis son sens, en union avec tous ceux qui partagent le même sentiment sur la chose ».
4 SENS PROMU	RÉAPPROPRIATION GLOBALE DE LA CHOSE		Sens enrichi meta sens supra sens	Refondation de la chose. Vision globale conduisant à un dépassement du sens.	« Je recrée la chose dans le cadre d'un projet ». « J'exporte un sens nouveau ».

Composé par Publi Fil - Rouen
Achevé d'imprimer sur les Presses
de l'Imprimerie Laballery
58500 Clamecy
N° d'impression : 206023
N° d'éditeur : 1296
Dépôt légal : septembre 1992

Imprimé en France